Führungskompetenz Handlungsorientierung mit KI-Dialogen

Coaching Management Wissensressourcen

Jörg Becker

IMPRESSUM
Führungskompetenz Handlungsorientierung mit KI-Dialogen
Coaching Management Wissensressourcen
Von Jörg Becker

© **2024 Jörg Becker**
Alle Rechte vorbehalten
Verlag: BoD • Books on Demand GmbH, In de Tarpen 42, 22848 Norderstedt
Druck: Libri Plureos GmbH, Friedensallee 273, 22763 Hamburg
ISBN: 978-3-7597-9432-1

www.beckinfo.de
www.rheinmaingeschichten.de
www.derStandortbeobachter.de

Salve, lieber HOLA-Weggefährte,
Nichts ist mehr so wie es war

wenn wir einmal die allgegenwärtige KI fragen würden......

Sind Daten die Rohmasse, aus der Innovationen entstehen? So wie schon einst die Handelsrouten über Frankfurt durch ganz Europa liefen, verlaufen jetzt Hauptlichtleitertrassen durch die Stadt? Und verbinden eine Welt, in der das Internet niemals gestört werden darf, weil zu den Grundbedürfnissen des Lebens gehört? Daten flitzen also von Router zu Router, einen festen Weg gibt es nicht? Gibt es einen Ort, wo das ganze Wissen der Welt gespeichert ist?

Antworten für Sie werden generiert…

Ja, Daten werden oft als die Rohmasse betrachtet, aus der Innovationen entstehen. Sie sind der Treibstoff der modernen digitalen Wirtschaft und ermöglichen Fortschritte in vielen Bereichen wie Gesundheitswesen, Marketing und Technologie[1].
Wie die historischen Handelsrouten durch Frankfurt, verlaufen heute wichtige Datenleitungen durch Städte und verbinden die Welt. Diese Verbindungen sind entscheidend für das Funktionieren des Internets, das für viele Menschen zu einem Grundbedürfnis geworden ist[1].
Daten bewegen sich tatsächlich von Router zu Router, ohne einen festen Weg. Dieses Prinzip nennt man "Packet Switching", bei dem Daten in kleine Pakete aufgeteilt und über verschiedene Routen zum Ziel gesendet werden[2].
Einen einzigen Ort, an dem das gesamte Wissen der Welt gespeichert ist, gibt es nicht. Stattdessen sind Informationen auf

viele verschiedene Server und Datenzentren weltweit verteilt. Große Datenzentren wie die von Google, Amazon und Microsoft speichern riesige Mengen an Daten und tragen dazu bei, das Internet am Laufen zu halten[2].

KI Ende

Ohne ein Roboter zu sein, könnte man als Mensch vielleicht meinen:

„Auch eine Metropole wie Frankfurt ist durch Vernetzung groß geworden."

„Nur dass jetzt keine Pferdekutschen, sondern Daten von Menschen aus der ganzen Welt in Lichtgeschwindigkeit unterwegs sind".

„Im Vernetzen war die Menschheit schon immer groß."

„?"

„Seit Jahrtausenden rotten sich Menschen zusammen, wenn es etwas zu erledigen gilt."

„?"

„Die Jagd auf Tiere war ohne Gruppenarbeit kaum zu schaffen."

„Aber noch nie trieben es die Menschen so weit wie mit der Erfindung des Internets."

„Ja, das verändert und bestimmt unser Leben."

„Wahrhaft umwälzende Entwicklungen brauchen Zeit, das war auch im Fall des Internets nicht anders."

„?"

„Das Internet verließ langsam den elitären Zirkel von Universität und Militär und schaffte den Schritt in die Wirtschaftswelt."

„?"

„Unternehmen, Banken, Kanzleien nutzten das Netz, lange bevor Privatleute auf die Idee kamen, sich damit Nachrichten hin- und herzuschicken."

„Netzwerke haben jedoch nur dann einen Sinn, wenn man sich darin zurechtfindet."

„Klar, nicht anders als in einer Bibliothek, in der die Bücherablage einer gewissen Logik folgt."

„?"

„Auch der Karteikasten für das Wissen der Welt musste erst einmal gefunden werden."

„Wofür dann Google auf den Plan trat."

Fiktive Dialoge - ein paar Stunden Intensivcoaching
Denkanstöße
Wissensmanagement
Storytelling
Content
Inspiration
Diskurs
DecisionSupport
Gehirntraining - wenn es gut werden soll
Verstehen lernen
Vernetzt denken
Potenziale ausschöpfen
Komplexität reduzieren
Gestaltbar machen

Wissen transferieren
Proaktiv agieren

Executive Coaching
Denkstudio für strategisches Wissensmanagement

Das Netz hat Hierarchien pulverisiert. Früher waren Netzwerke über gesellschaftliche und soziale Kategorien stark vorgezeichnet. Nur innerhalb der eigenen Schicht (des eigenen Standes) konnten Sozialbeziehungen aufgebaut werden. Und: früher sind Menschen anderen Menschen im eher überschaubaren Maß begegnet, heute dagegen gibt es über Facebook, Twitter & Co. Kontakte zu vielen. Es entstand eine neue Ära der Dauervernetzung. „Würde das Internet nur unser Freizeitverhalten verändern, wäre die Revolution noch überschaubar. Aber neben der Art, wie wir kommunizieren, Freundschaften pflegen, reisen und wohnen, wird das Internet auch unsere Art zu arbeiten völlig verändern." es geht darum, was Maschinen für uns alles tun können.

Salve, lieber HOLA-Weggefährte,
Nichts ist mehr so wie es war

wenn wir einmal die allgegenwärtige KI fragen würden......

Was ist emotionale Intelligenz?
Ist es im Berufs- (und Privat-)leben hilfreich, seine eigenen Gefühle (und die anderer) zu erkennen?
Kann und soll man die Wahrnehmung nach innen trainieren?
Welche Aufgaben hat das Personalmanagement?

Antworten für Sie werden generiert...
:
Emotionale Intelligenz (EQ) ist die Fähigkeit, eigene und fremde Gefühle wahrzunehmen, zu verstehen und zu beeinflussen[1]. Sie umfasst mehrere Kompetenzen, darunter Selbstwahrnehmung, Selbstregulierung, Empathie und soziale Fähigkeiten[2].

Bedeutung im Berufs- und Privatleben
Ja, emotionale Intelligenz ist sowohl im Berufs- als auch im Privatleben äußerst hilfreich. Sie ermöglicht es, empathische Beziehungen aufzubauen, effektiv zu kommunizieren und Konflikte zu lösen[2]. Menschen mit hohem EQ können besser mit Stress umgehen und sind oft erfolgreicher in Führungspositionen[2].

Wahrnehmung nach innen trainieren
Ja, die Wahrnehmung nach innen kann und sollte trainiert werden. Dies kann durch Achtsamkeitsübungen, Selbstreflexion und Feedback von anderen geschehen[2]. Ein hoher EQ hilft dabei, die eigenen Emotionen besser zu verstehen und zu steuern, was zu einer besseren Lebensqualität und beruflichem Erfolg führen kann[2].

Aufgaben des Personalmanagements

Das Personalmanagement hat vielfältige Aufgaben, darunter:

- **Rekrutierung und Auswahl**: Finden und Einstellen von geeigneten Kandidaten.
- **Mitarbeiterentwicklung**: Schulungen und Weiterbildungen organisieren.
- **Leistungsmanagement**: Mitarbeiterbewertungen und Feedbackprozesse.
- **Vergütung und Benefits**: Gehaltsstrukturen und Zusatzleistungen verwalten.
- **Arbeitsrecht und Compliance**: Sicherstellen, dass alle gesetzlichen Vorgaben eingehalten werden.
- <u>**Mitarbeiterbindung**: Maßnahmen zur Steigerung der Mitarbeiterzufriedenheit und -bindung</u>[3].

Kannst du mir ein Beispiel für emotionale Intelligenz geben?

Antworten für Sie werden generiert…

:
Natürlich! Hier ist ein Beispiel für emotionale Intelligenz im Berufsleben:

Stell dir vor, du bist Teamleiter und bemerkst, dass ein Teammitglied, Anna, in letzter Zeit weniger produktiv und zurückgezogen ist. Anstatt sie sofort wegen ihrer Leistung zu kritisieren, entscheidest du dich, ein Gespräch mit ihr zu führen. Du fragst sie, ob alles in Ordnung ist und ob es etwas gibt, worüber sie sprechen möchte.

Anna teilt dir mit, dass sie persönliche Probleme hat, die sie belasten. Du zeigst Verständnis und Empathie, indem du ihr zuhörst und ihre Gefühle anerkennst. Du bietest ihr Unterstützung an, sei es durch flexible Arbeitszeiten oder die Möglichkeit, mit einem Berater zu sprechen.

Durch dein einfühlsames Verhalten fühlt sich Anna verstanden und unterstützt. Dies hilft ihr, sich zu erholen und ihre Produktivität wieder zu steigern. Dein Umgang mit der Situation zeigt emotionale Intelligenz, da du sowohl Annas Gefühle erkannt als auch angemessen darauf reagiert hast.

Was sind die Vorteile von Empathie am Arbeitsplatz?

Antworten für Sie werden generiert...
:
Empathie am Arbeitsplatz bringt zahlreiche Vorteile mit sich:

1. **Verbesserte Kommunikation**: Empathische Mitarbeiter können besser zuhören und auf die Bedürfnisse und Gefühle ihrer Kollegen eingehen, was zu klareren und effektiveren Kommunikationswegen führt.
2. **Stärkere Teamarbeit**: Empathie fördert ein unterstützendes und kooperatives Arbeitsumfeld. Teams, die empathisch miteinander umgehen, arbeiten harmonischer zusammen und sind oft produktiver.
3. **Konfliktlösung**: Empathische Personen sind besser in der Lage, Konflikte zu erkennen und zu lösen, da sie die Perspektiven und Gefühle aller Beteiligten berücksichtigen können.
4. **Höhere Mitarbeiterzufriedenheit**: Ein empathisches Arbeitsumfeld trägt zur Zufriedenheit und zum Wohlbefinden der Mitarbeiter bei, was wiederum die Motivation und das Engagement steigert.
5. **Bessere Führung**: Führungskräfte, die Empathie zeigen, bauen stärkere Beziehungen zu ihren Mitarbeitern auf, was Vertrauen und Loyalität fördert. Dies kann zu einer

geringeren Fluktuation und einer höheren Mitarbeiterbindung führen.
6. **Kreativität und Innovation**: Ein empathisches Umfeld
   ermutigt Mitarbeiter, ihre Ideen und Meinungen frei zu
   äußern, was die Kreativität und Innovation im Unternehmen fördert.

Erzähle mir mehr über emotionale Intelligenz bei Führungskräften.

Antworten für Sie werden generiert…

:
Emotionale Intelligenz (EQ) ist für Führungskräfte von entscheidender Bedeutung, da sie die Fähigkeit umfasst, eigene und
fremde Emotionen zu erkennen, zu verstehen und zu steuern.
Hier sind einige wichtige Aspekte und Vorteile emotionaler Intelligenz bei Führungskräften:

Wichtige Komponenten der emotionalen Intelligenz bei Führungskräften

1. **Selbstwahrnehmung**: Führungskräfte mit hoher Selbstwahrnehmung kennen ihre eigenen Stärken und Schwächen und sind sich ihrer Emotionen bewusst. Dies hilft
   ihnen, authentisch und selbstbewusst zu handeln[1].
2. **Selbstmanagement**: Dies bezieht sich auf die Fähigkeit,
   eigene Emotionen zu kontrollieren und in stressigen Situationen ruhig zu bleiben. Führungskräfte, die ihre
   Emotionen gut managen, können bessere Entscheidungen treffen und sind widerstandsfähiger[2].
3. **Soziale Wahrnehmung**: Empathie ist ein zentraler Bestandteil der sozialen Wahrnehmung. Führungskräfte,

die empathisch sind, können die Gefühle und Bedürfnisse ihrer Mitarbeiter besser verstehen und darauf eingehen[2].

4. **Beziehungsmanagement**: Dies umfasst die Fähigkeit,
   gesunde und produktive Beziehungen aufzubauen und zu
   pflegen. Führungskräfte mit hoher emotionaler Intelligenz können Konflikte effektiv lösen und ein positives
   Arbeitsumfeld schaffen[3].

Vorteile emotionaler Intelligenz bei Führungskräften

- **Verbesserte Kommunikation**: Emotionale Intelligenz
  fördert eine offene und effektive Kommunikation, was
  Missverständnisse reduziert und die Zusammenarbeit
  verbessert[1].
- **Höhere Mitarbeiterzufriedenheit**: Empathische Führungskräfte schaffen ein unterstützendes Arbeitsumfeld,
  das die Zufriedenheit und das Engagement der Mitarbeiter steigert[2].
- **Bessere Entscheidungsfindung**: Führungskräfte mit
  hoher emotionaler Intelligenz können ihre Emotionen
  und die ihrer Mitarbeiter besser verstehen und berücksichtigen, was zu fundierteren Entscheidungen führt[3].
- **Stärkere Teamdynamik**: Emotionale Intelligenz fördert
  Vertrauen und Zusammenarbeit im Team, was die Produktivität und Kreativität steigert[2].

Emotionale Intelligenz ist also ein wesentlicher Faktor für den
Erfolg von Führungskräften und trägt maßgeblich zu einem positiven und produktiven Arbeitsumfeld bei.

Ohne ein Roboter zu sein, könnte man als Mensch vielleicht meinen:

Fiktive Dialoge - ein paar Stunden Intensivcoaching
Denkanstöße
Wissensmanagement
Storytelling
Content
Inspiration
Diskurs
DecisionSupport
Gehirntraining - wenn es gut werden soll
Verstehen lernen
Vernetzt denken
Potenziale ausschöpfen
Komplexität reduzieren
Gestaltbar machen
Wissen transferieren
Proaktiv agieren

Executive Coaching
Denkstudio für strategisches Wissensmanagement

Wenn man seine Gefühle gut einschätzen kann, kann man sie besser kontrollieren. Eine Fähigkeit, über die besonders Führungskräfte verfügen sollten (müssen). Wichtig ist beispielsweise, ob man sich noch unter Kontrolle hat, wenn man wütend ist. Oder zu schnell Dinge sagt, die man später vielleicht bereuen würde. Wichtig ist auch zu wissen, ob man erkennen kann, wie andere sich fühlen, oder man dem völlig hilflos gegenübersteht.

Experten raten dazu, möglichst in sich hinein zu horchen, die Wahrnehmung nach innen zu trainieren. Denn wer seine eigenen Gefühle sensibilisiere, habe eine bessere Chance, die Gefühle auch anderer zu bemerken (verstehen). „Personen, die eine hohe Emotionale Intelligenz haben, sind beruflich erfolgreicher, wenn sie gleichzeitig ein starkes Aufstiegsmotiv haben". Führungskräfte müssen Leute gewinnen, um sie für ihre Ziele zu motivieren und brauchen deshalb besonders ein Gefühl für andere Menschen. Wenn mein keine Antenne dafür habe, wie man andere anspricht, kann es auch mit der eigenen Karriere schwierig werden.

Von Social Responsibility spricht man, wenn sich Unternehmen auch sozialen und gesellschaftlichen Themen verpflichtet fühlen. Schon damals im Mittelalter gab das Leitbild des „ehrbaren Kaufmanns", der mit seinem tugendhaften Verhalten als Vorbild Werte für sein Umfeld etablieren wollte. Ein solches Verhalten schafft insgesamt auch Wettbewerbsvorteile. Denn für den Erfolg unerlässlich, jedoch schwer zu erarbeiten ist: ein guter Ruf. er ihn hat, steigert seine Attraktivität.

Keine neuen Krisen zulassen: wenn es zu den herausragenden Aufgaben des Personalmanagements gehört, dafür Sorge tragen, dass immer die richtige Person zum richtigen Zeitpunkt am richtigen Platz für wirtschaftliches Handeln die Verantwortung trägt, so wäre angesichts der Finanz- und Wirtschaftskrisen die Antwort hierauf wohl mit einem oder mehreren dicken Fragezeichen versehen. Man mag noch so viel nach den Ursachen und Gründen für Krisen forschen. Sie sind keine Naturkatastrophe, sondern sind von Menschen gemacht und zu verantworten. Mögen auch falsche oder fehlende Regeln oder gar eine verfehlte Wirtschaftsordnung vorgeschoben werden. Denn auch diese sind kein Produkt der Natur sondern einzig und allein von Menschen gemacht. Will man also an die Wurzel allen Übels gehen, wird man zwangsläufig immer wieder nur zu Menschen und ganz bestimmten Personenkreisen kommen. Denn wer sonst als Personen in verantwortlichen Führungspositionen sollten an Geschehnissen im Zusammenhang mit der Krise beteiligt gewesen sein? Wer also sonst könnte für das Ende einer Krise und die Begleichung ihrer Folgen sorgen?

Nun hat nicht jede Generation mehr die Zeit, dass sie die zehn Jahre oder mehr auf die Schadensbeseitigung warten könnte. Nicht jede folgende Generation wird einfach dazu bereit sein, Schulden ihrer Väter-Generation abzutragen und für eine Krise zu bezahlen, mit der sie nichts gemein hat. Womit man bei den Auswahlverfahren und -kriterien für Positionen wäre, die während der Krisenentstehung die verantwortlichen Stellhebel in Beschlag gehalten haben.

Wenn man sich die grundsätzlich einfache Frage stellt: hätte man sich an diesen Stellhebeln andere Personen mit anderen

Verhaltensweisen vorstellen können, mit und unter denen solche (weltweiten) Krisen vielleicht nicht so entstanden wären ? Wenn eine Bejahung dieser Frage den Horizont der Vorstellungskraft nicht übersteigen würde, könnte dies eigentlich nur heißen, einmal grundsätzlich alle Auswahlverfahren und Selektionsmechanismen zu überdenken, die in der Vergangenheit die offenbar suboptimale Belegung dieser möglicherweise krisenbewirkenden Stellhebel zugelassen oder sogar befördert haben.

Bei der Personalauswahl wird Zukunft gehandelt – Personalauswahlkriterien gezielt hinterfragen

Wie komplex eine Krise in allen ihren Einzelheiten oder Facetten auch immer sein mag. Wie unwahrscheinlich auch ein einzig gangbarer, aus der Krise direkt herausführender Königsweg auch immer sein mag. Ohne den Versuch zu einer ganzheitlich und damit vernetzten Denkweise sowie zur Entwicklung einer in sich geschlossenen und bruchfreien Methodik wird man kaum zum Kern des Problems vordringen. Auch im mikroökonomischen Bereich der Unternehmen gilt es, die zahlreichen Tool-Boxen dahingehend zu durchforsten, ob wirklich alle benötigten Werkzeuge an Bord sind und ob diese Werkzeuge auch angesichts von Krisen wirklich das zu leisten imstande sind, was sie vorgeben und was man sich von ihnen versprochen hat und oft noch unverändert verspricht. Insbesondere wäre ein Nach- und Überdenken aller Verfahren und Kriterien gefordert, die sich mit der Auswahl von Führungskräften befassen. Da hiervon auch und gerade das Allgemeinwohl betroffen ist, sollte zumindest

die Messlatte für die mögliche Transparenz und Nachvollzieh-
barkeit höher gelegt werden:
Finanzkrise = Wissenskrise
Wissenskrise = Personalkrise
Personalkrise = Auswahlkrise
Tsunami-Effekt kopierter Auswahlkriterien
Personenbilanz als methodischer Ansatz
Alles basiert auf einem Personalfaktoren-Gerüst

Salve, lieber HOLA-Weggefährte,
Nichts ist mehr so wie es war

wenn wir einmal die allgegenwärtige KI fragen würden......

Warum braucht man ein Personalinformationssystem?
Welche Funktion hat es?
Wofür wäre ein Überdenken und Neuausrichtung der Personal-
faktoren wichtig?

Antworten für Sie werden generiert...

Ein **Personalinformationssystem (PIS)** ist eine Softwarelösung, die zur
Erfassung, Speicherung, Verwaltung und Analyse von Mitarbeiterdaten
dient. Hier sind einige Gründe, warum ein PIS wichtig ist und welche
Funktionen es hat:

Warum braucht man ein Personalinformationssystem?

1. **Effizienzsteigerung**: Ein PIS automatisiert viele administrative Aufgaben, was Zeit und Ressourcen spart[1].
2. **Datenintegration**: Es ermöglicht die zentrale Verwaltung aller relevanten Mitarbeiterdaten, was die Datenkonsistenz und -genauigkeit erhöht[2].
3. **Fundierte Entscheidungsfindung**: Durch die Analyse der gesammelten Daten können fundierte Personalentscheidungen getroffen werden[2].
4. **Compliance und Datenschutz**: Ein PIS hilft dabei, gesetzliche Anforderungen und Datenschutzbestimmungen einzuhalten[1].

Welche Funktionen hat ein Personalinformationssystem?

Ein PIS bietet verschiedene Funktionen, die je nach System variieren können[12]:

- **Datenverwaltung**: Erfassung und Pflege von Stammdaten (z.B. Name, Geburtsdatum), Bewegungsdaten (z.B. Überstunden) und Schlüsseldaten (z.B. Stundensätze).
- **Anwesenheitsmanagement**: Verwaltung von Abwesenheiten wie Urlaub und Krankheit.
- **Leistungsbeurteilung**: Unterstützung bei der Bewertung und Entwicklung von Mitarbeitern.
- **Recruiting**: Verwaltung des Bewerbungsprozesses und Auswahl von Kandidaten.
- **Lohn- und Gehaltsabrechnung**: Automatisierung der Gehaltsabrechnung und Verwaltung von Vergütungsdaten.

Wofür wäre ein Überdenken und Neuausrichtung der Personal-Faktoren wichtig?

Ein Überdenken und Neuausrichtung der Personal-Faktoren ist wichtig, um:

1. **Anpassung an Marktveränderungen**: Die Arbeitswelt verändert sich ständig, und Unternehmen müssen ihre Personalstrategien an neue Anforderungen anpassen[3].
2. **Mitarbeiterbindung**: Durch gezielte Personalentwicklungsmaßnahmen können qualifizierte Fachkräfte langfristig an das Unternehmen gebunden werden[4].
3. **Effizienz und Produktivität**: Optimierte Personalprozesse tragen zur Steigerung der Effizienz und Produktivität bei[2].
4. **Innovationsförderung**: Eine Neuausrichtung kann helfen, innovative Ansätze und Technologien im Personalmanagement zu integrieren[3].

Kannst du mir ein Beispiel für eine Personalinformationssystem-Software geben?

Antworten für Sie werden generiert...

Ein bekanntes Beispiel für eine Personalinformationssystem-Software ist **SAP SuccessFactors**. Diese Software bietet eine umfassende Suite von HR-Lösungen, die verschiedene Aspekte des Personalmanagements abdecken, wie z.B. Personalbeschaffung, Leistungsmanagement, Weiterbildung und Gehaltsabrechnung[1].
Ein weiteres Beispiel ist **Personio**, das speziell für kleine und mittelständische Unternehmen entwickelt wurde. Personio bietet Funktionen zur Verwaltung von Mitarbeiterdaten, Abwesenheiten, Gehaltsabrechnungen und Bewerbungsprozessen[2].

Welche Unternehmen nutzen Personalinformationssysteme?

Antworten für Sie werden generiert...

Personio wird von über 12.000 Unternehmen weltweit genutzt[1]. Hier sind einige Beispiele für Unternehmen, die Personio verwenden:

1. **Statista**: Ein führendes Statistik- und Marktforschungsunternehmen.
2. **N26**: Eine bekannte Online-Bank.
3. **Spendesk**: Ein Unternehmen, das Ausgabenmanagement-Software anbietet.
4. **Gorillas**: Ein Schnelllieferdienst für Lebensmittel.
5. **Scalable Capital**: Ein digitales Vermögensverwaltungsunternehmen.

Was sind die Hauptmerkmale von Personio?

Antworten für Sie werden generiert...

Hauptmerkmale von Personalinformationssystemen

1. **Personalverwaltung**: Zentrale Verwaltung aller Mitarbeiterdaten, einschließlich digitaler Personalakten[1].
2. **Recruiting und Onboarding**: Unterstützung des gesamten Bewerbungsprozesses, von der Stellenausschreibung bis zur Einstellung und Einarbeitung neuer Mitarbeiter[1].
3. **Abwesenheitsmanagement**: Verwaltung von Urlaub, Krankheit und anderen Abwesenheiten[1].
4. **Arbeitszeiterfassung**: Erfassung und Verwaltung der Arbeitszeiten der Mitarbeiter[1].
5. **Gehaltsabrechnung**: Automatisierung der Lohn- und Gehaltsabrechnung[1].
6. **Performance und Feedback**: Tools zur Leistungsbewertung und Feedbackprozesse[1].
7. **Berichterstattung und Analysen**: Erstellung von Berichten und Analysen zur Unterstützung datenbasierter Entscheidungen[1].
8. **Integration**: Nahtlose Integration mit über 200 anderen Tools und Anwendungen[1].

Diese Funktionen helfen Unternehmen, ihre HR-Prozesse effizienter zu gestalten und mehr Zeit für strategische Aufgaben zu gewinnen.

KI-Ende

Ohne ein Roboter zu sein, könnte man als Mensch vielleicht meinen:

Fiktive Dialoge - ein paar Stunden Intensivcoaching
Denkanstöße
Wissensmanagement
Storytelling
Content
Inspiration
Diskurs
DecisionSupport
Gehirntraining - wenn es gut werden soll
Verstehen lernen
Vernetzt denken
Potenziale ausschöpfen
Komplexität reduzieren
Gestaltbar machen
Wissen transferieren
Proaktiv agieren

Executive Coaching
Denkstudio für strategisches Wissensmanagement

Personalmanagement hat mit Wissen zu tun: zu den Aufgaben zählt, Personalplanung und -kontrolle aufeinander abzustimmen.

Hierbei sollte darauf geachtet werden, dass die Kompatibilität der Personalplanung mit den anderen Teilplanungen (Absatz-, Fertigungs-, Beschaffungs-, Investitions-, Finanzplanung) sowie der Unternehmensgesamtplanung sichergestellt wird. Man sollte Umfeldveränderungen im Personalbereich frühzeitig erkennen und hierfür geeignete Anpassungsstrategien entwickeln. Dazu können Instrumente erarbeitet werden, die eine Abschätzung der Wirkungen der Personalarbeit auf die Erreichung der Erfolgsziele ermöglichen.

Da der Personalbereich stark durch Gesetze, Rechtsprechung, Tarifverträge, Betriebsvereinbarungen u.a. geprägt und reglementiert ist, sollten die Instrumente sehr flexibel gestaltet werden. Ein effektives Personalinformationssystem ist von entscheidender Bedeutung, weil dieses über die Qualität der aus den Ausgangsdaten hergestellten Personalinformationen entscheidet. Die gewählte Datenhaltung sollte ermöglichen, nicht nur zeitpunktbezogene Zustände, sondern auch Bewegungen und Veränderungen abzubilden. Die Informationsfunktion umfasst u.a. Definition (Inhalt, Struktur, Empfänger und Periodizität) benötigter Auswertungen (einschl. Erstellung, Kommentierung und Verteilung), Zusammenstellung und Aufbereitung der Datenbasis, anforderungsweise Durchführung von Analysen. Eine Hauptfunktion des Personalinformationssystems besteht darin, zielgerichtet und entscheidungsunterstützend Daten zu selektieren und aufzubereiten. In jeder Branche, in jedem Unternehmen ist die Situation anders. Die Arbeit des Überdenkens und Justieren von Werten und Personalfaktoren kann nur vor Ort selbst geleistet werden.

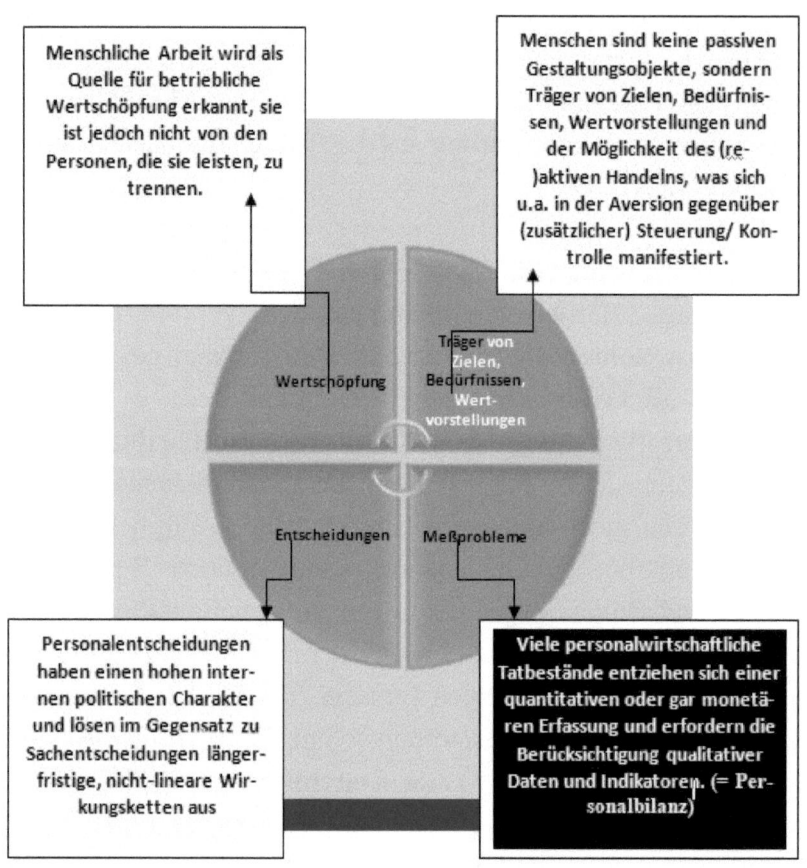

Menschliche Arbeit wird als Quelle für betriebliche Wertschöpfung erkannt, sie ist jedoch nicht von den Personen, die sie leisten, zu trennen.

Menschen sind keine passiven Gestaltungsobjekte, sondern Träger von Zielen, Bedürfnissen, Wertvorstellungen und der Möglichkeit des (re-)aktiven Handelns, was sich u.a. in der Aversion gegenüber (zusätzlicher) Steuerung/ Kontrolle manifestiert.

Wertschöpfung

Träger von Zielen, Bedürfnissen, Wertvorstellungen

Entscheidungen

Meßprobleme

Personalentscheidungen haben einen hohen internen politischen Charakter und lösen im Gegensatz zu Sachentscheidungen längerfristige, nicht-lineare Wirkungsketten aus

Viele personalwirtschaftliche Tatbestände entziehen sich einer quantitativen oder gar monetären Erfassung und erfordern die Berücksichtigung qualitativer Daten und Indikatoren. (= Personalbilanz)

Es gibt immer wieder Anlass darüber nachzudenken ob und was alles falsch gelaufen ist und was man für die Zukunft besser machen kann und muss. Wenn nicht jetzt also wann dann? Jede Wirtschafts- und Finanzkrise ist immer nur von Menschen verursacht und gemacht. Also geht es auch oder vor allem um Personalfaktoren. Für das einzelne Unternehmen geht es nicht darum, eine bessere Welt oder gar einen besseren Menschen zu schaffen. Aber es kommt nicht umhin sich der Frage zu stellen, ob seine Vergütungs- und Anreizsysteme ein guter Kompass waren, der immer den richtigen Kurs angezeigt hat. Noch tiefer reicht die Frage nach den richtigen Werten. Eine Antwort hierauf kann nicht allein im Nachlesen von an vielen Stellen und zu vielen Gelegenheiten immer wiederholten Leitbildern gefunden werden. Denn im Kern geht es neben den Fähigkeiten auch um die Eigenschaften von Mitarbeitern. Hat man hier immer das richtige Augenmaß und Gewicht gesetzt und solches auch in Entlohnungsformen und Arbeitsbedingungen abgebildet? Finden Fähigkeiten und Eigenschaften von Mitarbeitern ihren Niederschlag nicht nur als Stellenanzeige in Form eines Wunschzettels, sondern setzt man sich hiermit auch im betrieblichen Alltag ernsthaft auseinander? Die Arbeit des Überdenkens und Justieren von Werten und Personalfaktoren kann nur in jedem Unternehmen selbst geleistet werden. Besagte Mitarbeitergespräche wären immer ein guter Anlass hierfür.

Die Situation eines solchen Grundsatzgespräches ähnelt in vielen Dingen einem Einstellungsgespräch. Es könnte somit hilfreich sein, wenn sich die beteiligten Parteien, d.h. Vorgesetzter und Mitarbeiter jeweils aus ihrer Sicht in diese Lage hineinzuversetzen suchten. Der Vorgesetzte würde also sein Mitarbeitergespräch so vorbereiten, als ob er noch einmal vor der Entscheidung stünde, seinen Mitarbeiter neu einzustellen oder nicht. Der Mitarbeiter seinerseits würde sich innerlich vorstellen, sich noch einmal um seine Stelle bewerben zu müssen und diese jeweils ablehnen oder annehmen zu können. Falls vor allem der Mitarbeiter solche Gedankenspiele als nicht nur unangenehm oder wirklichkeitsfremd ablehnt, mag er für sich selbst beantworten, ob sich sein Vorgesetzter nicht doch solche Fragen bereits gestellt hat oder vielleicht bald einmal stellen könnte. Auch wenn zumindest in einem turnusmäßig anzusetzenden Mitarbeitergespräch arbeitsrechtliche Gesichtspunkte eine wohl eher geringe Rolle spielen dürften oder sollten, so ist ein Mitarbeitergespräche in dem hier verstandenen Sinn trotzdem ein wichtiger Meilenstein in der persönlichen und beruflichen Entwicklung. In diesem Buch soll dieser daher nicht als Kontrollpunkt, sondern als Weichensteller für die Ausschöpfung von Potentialen beleuchtet werden.

Vorläufiger „harter Kern" Personalfaktoren	Vorläufiger „Nebenschauplatz" Personalfaktoren
	Die Grenzen zwischen „hartem Kern" und „Nebenschauplätzen" sind fließend. Von Fall zu Fall finden daher auch Austausche der Personalfaktoren statt.
Teamfähigkeit, Nutzung IT-Techniken, Projekt-Dokumentationen, Verhandlungsgeschick, Change Management, Eigene Business-Anwendungen, Wille zum Erfolg, Weiterbildungsaktivitäten, CRM-Wissen und –material, Ideenmanagement, Seminar- und Tagungsaktivitäten, Planungswissen und –material, Risikomanagement,	Marketing des verfügbaren Intellektuellen Kapitals, Loyalität, Verlässlichkeit, Termintreue, Ausbildung, Professional Development Allgemeinwissen, Teamfähigkeit, Mitarbeitergespräche, -konferenzen, Ehrenamtliche Engagements, Nutzung Wissensbilanzkonzepte und -instrumen-te, Eigene Wissensbilanzpoten-ziale gezielt erkunden, Marktfähigkeit ermitteln, klar definierte Ziele, Motivation – Leistungsbereitschaft, Flexibilität – Anpassungsfähigkeit, Publikationen, Kontakte zu Kompetenznetzwerken, Präsentation, Kommunikation des Intellektuellen Kapitals, Fremdbewertungen analysieren. Eigenbewertung, Selbsteinschätzung, Akzeptanz – Reputation, Unabhängigkeit – Unvoreingenommenheit, klare Wertvorstellungen,
Beratungsstärke, Generalist, ganzheitliches Denken, Projektmanagement, Publikationen-Veröffentlichungen , Zielorientierung und –bezogenes Handeln, Mitarbeitergespräche und –beurteilungen, Akquisitionsstärke, Fachkompetenz, Innovationsfähigkeit, Checklistenmaterial, Proaktives statt reaktives Handeln, Systematische Vorgehensweise, Konzeptionsstärke, Problemlösungskompetenz, Strategiewissen und –material.	Führungs-, Sozialkompetenz, Verhandlungssicher-heit, Fachkompetenz, Expertenwissen, Auslandserfahrung, Branchenwissen, Fremdsprachenkenntnisse, Projektmanagementkompetenzen, Controlling-Tools, Arbeitshilfen-Tools, Wissensbilanz-Tools, Mitgliedschaft-Teilnahme in Business Clubs, Ideensammlung, Erfahrungssicherung. Home Office-, Strategische Positionierung des Intellektuellen Kapitals, Innovationsfähigkeit, Regelmäßige Fort- und Weiterbildung, Teilnahme an Messen- Kongressen, Kooperationsfähigkeit, Auslandsaufenthalte, Interdisziplinäres Arbeiten, Moderationsfähigkeit, Nähe zu Uni-FH, Beziehungen zu Vorgesetzten, Private Netzwerke, Hilfsbereitschaft, Motivations- und Überzeugungsstärke, Meinungsaustausch mit Andersdenkenden, Private Netz-werke; Key-Account Management, Kontaktfreude, Kontakte zu Personalentscheidern, Durchsetzungsvermögen

Diese Liste lässt sich beliebig ergänzen und verändern. Im konkreten Anwendungsfall sollte man von dieser Möglichkeit auch unbedingt Gebrauch machen. Denn hierauf wird später alles weitere aufgebaut und abgeleitet. Die Empfehlung der Gruppierung und Einordnung in die Cluster Prozess-, Erfolgs-, Human-, Struktur- und Beziehungsfaktoren bleibt allerdings unverändert bestehen. Schon allein deswegen, um gegebenenfalls alle Ergebnisse, Analysen und Informationen bruchfrei in eine umfassende Personenbilanz überführen zu können:

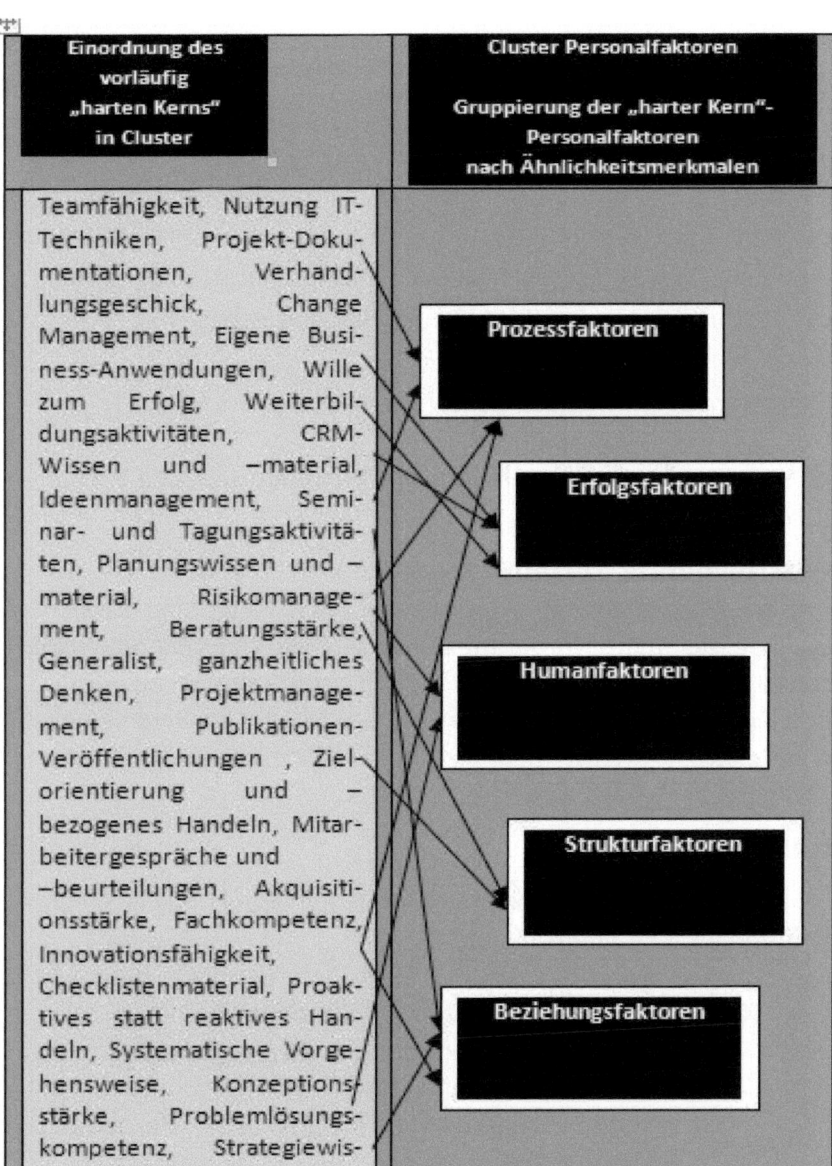

Einordnung des vorläufig „harten Kerns" in Cluster	Cluster Personalfaktoren Gruppierung der „harter Kern"-Personalfaktoren nach Ähnlichkeitsmerkmalen
Teamfähigkeit, Nutzung IT-Techniken, Projekt-Dokumentationen, Verhandlungsgeschick, Change Management, Eigene Business-Anwendungen, Wille zum Erfolg, Weiterbildungsaktivitäten, CRM-Wissen und –material, Ideenmanagement, Seminar- und Tagungsaktivitäten, Planungswissen und – material, Risikomanagement, Beratungsstärke, Generalist, ganzheitliches Denken, Projektmanagement, Publikationen-Veröffentlichungen , Zielorientierung und – bezogenes Handeln, Mitarbeitergespräche und –beurteilungen, Akquisitionsstärke, Fachkompetenz, Innovationsfähigkeit, Checklistenmaterial, Proaktives statt reaktives Handeln, Systematische Vorgehensweise, Konzeptionsstärke, Problemlösungskompetenz, Strategiewissen und –material.	Prozessfaktoren Erfolgsfaktoren Humanfaktoren Strukturfaktoren Beziehungsfaktoren

Salve, lieber HOLA-Weggefährte,
Nichts ist mehr so wie es war

wenn wir einmal die allgegenwärtige KI fragen würden......

Was sind selbstlernende Systeme? Wie ist ein Gehirn im Detail aufgebaut? Wie denkt der Mensch? Was genau geschieht dabei? Was steuert das Denken? Ist Denken beeinflussbar?

Antworten für Sie werden generiert...

Selbstverständlich! Lass uns diese spannenden Themen Schritt für Schritt durchgehen:

Selbstlernende Systeme

Selbstlernende Systeme, auch bekannt als maschinelles Lernen (ML), sind Computerprogramme, die aus Daten lernen und sich selbstständig verbessern, ohne explizit programmiert zu werden. Diese Systeme nutzen Algorithmen, um Muster in Daten zu erkennen und Vorhersagen zu treffen. Ein Beispiel ist ein Spam-Filter, der lernt, unerwünschte E-Mails zu identifizieren[1].

Aufbau des Gehirns

Das menschliche Gehirn ist ein komplexes Organ, das in mehrere Hauptbereiche unterteilt ist:

- **Großhirn (Telencephalon)**: Verantwortlich für höhere kognitive Funktionen wie Denken, Erinnern und Planen.
- **Zwischenhirn (Diencephalon)**: Enthält wichtige Strukturen wie den Thalamus und Hypothalamus, die sensorische Informationen verarbeiten und Körperfunktionen regulieren.

- **Kleinhirn (Cerebellum)**: Koordiniert Bewegungen und Gleichgewicht.
- **Hirnstamm (Truncus encephali)**: Steuert grundlegende Lebensfunktionen wie Atmung und Herzschlag[23].

Wie denkt der Mensch?

Das Denken ist ein komplexer Prozess, der durch die Aktivität von Neuronen im Gehirn ermöglicht wird. Neuronen kommunizieren über elektrische und chemische Signale, die an Synapsen übertragen werden. Diese synaptische Plastizität ist die Grundlage für Lernen und Gedächtnis[4].

Was geschieht beim Denken?

Beim Denken werden verschiedene Gehirnregionen aktiviert, je nach Art der Aufgabe. Zum Beispiel wird das Frontalhirn bei Entscheidungsprozessen und Problemlösungen stark beansprucht. Gleichzeitig werden sensorische Informationen verarbeitet und mit gespeicherten Erinnerungen verknüpft[5].

Was steuert das Denken?

Das Denken wird durch ein Netzwerk von Neuronen gesteuert, das als neuronales Netzwerk bezeichnet wird. Diese Netzwerke sind hochgradig vernetzt und ermöglichen die schnelle Verarbeitung und Integration von Informationen[6].

Ist Denken beeinflussbar?

Ja, das Denken kann durch verschiedene Faktoren beeinflusst werden, wie z.B. durch Erfahrungen, Emotionen, und sogar durch die Umgebung. Neuroplastizität, die Fähigkeit des Gehirns, sich zu verändern und anzupassen, spielt dabei eine entscheidende Rolle[7].

Erzähle mir mehr über neuronale Netzwerke.
Antworten für Sie werden generiert...

Gerne! Neuronale Netzwerke sind faszinierende Systeme, die sowohl in der Biologie als auch in der Informatik eine wichtige Rolle spielen. Hier ist eine Übersicht:

Was sind neuronale Netzwerke?

Neuronale Netzwerke sind Modelle des maschinellen Lernens, die darauf abzielen, die Funktionsweise des menschlichen Gehirns nachzuahmen. Sie bestehen aus künstlichen Neuronen, die in Schichten organisiert sind und miteinander verbunden sind[12].

Aufbau eines neuronalen Netzwerks

Ein typisches neuronales Netzwerk besteht aus drei Hauptschichten:

1. **Eingabeschicht (Input Layer)**: Diese Schicht nimmt die Eingabedaten auf.
2. **Verborgene Schichten (Hidden Layers)**: Diese Schichten verarbeiten die Eingaben durch eine Reihe von Transformationen und Gewichtungen. Es kann mehrere verborgene Schichten geben, insbesondere bei tiefen neuronalen Netzwerken (Deep Learning).

3. **Ausgabeschicht (Output Layer)**: Diese Schicht liefert das Endergebnis des Netzwerks[2].

Funktionsweise

Neuronale Netzwerke lernen durch Anpassung der Verbindungen (Gewichte) zwischen den Neuronen. Dies geschieht durch einen Prozess namens Training, bei dem das Netzwerk anhand von Beispieldaten trainiert wird. Während des Trainings passt das Netzwerk seine Gewichte an, um die Fehler zu minimieren und die Genauigkeit zu maximieren[12].

Anwendungen

Neuronale Netzwerke werden in vielen Bereichen eingesetzt, darunter:

- **Bilderkennung**: Erkennung und Klassifizierung von Objekten in Bildern.
- **Spracherkennung**: Umwandlung von gesprochener Sprache in Text.
- **Autonomes Fahren**: Erkennung von Straßen, Hindernissen und Verkehrsschildern.
- **Medizinische Diagnostik**: Erkennung von Krankheiten anhand von medizinischen Bildern[13].

Biologische Inspiration

Die Struktur und Funktionsweise künstlicher neuronaler Netzwerke sind von biologischen neuronalen Netzwerken inspiriert. Biologische Neuronen kommunizieren über elektrische und chemische Signale, während künstliche Neuronen mathematische Funktionen verwenden, um Informationen zu verarbeiten und weiterzugeben[1].

Kannst du ein Beispiel für eine Anwendung geben?

Antworten für Sie werden generiert…

Natürlich! Ein faszinierendes Beispiel für die Anwendung neuronaler Netzwerke ist die Bilderkennung.

Beispiel: Bilderkennung

Neuronale Netzwerke werden häufig zur Erkennung und Klassifizierung von Objekten in Bildern verwendet. Ein bekanntes

Modell hierfür ist das **Convolutional Neural Network (CNN)**. Hier ist, wie es funktioniert:

1. **Eingabe**: Ein Bild wird in das Netzwerk eingespeist.
2. **Verarbeitung**: Das CNN besteht aus mehreren Schichten, darunter Convolutional Layers, Pooling Layers und Fully Connected Layers. Diese Schichten extrahieren Merkmale aus dem Bild, wie Kanten, Texturen und Formen.
3. **Ausgabe**: Am Ende gibt das Netzwerk eine Klassifikation aus, z.B. ob das Bild eine Katze, einen Hund oder ein anderes Objekt zeigt.

Anwendung in der Praxis

Ein praktisches Beispiel ist die **Gesichtserkennung**:

- **Sicherheitssysteme**: Gesichtserkennung wird in Sicherheitssystemen verwendet, um Personen zu identifizieren und den Zugang zu Gebäuden oder Geräten zu kontrollieren.
- **Soziale Medien**: Plattformen wie Facebook nutzen Gesichtserkennung, um Personen auf Fotos automatisch zu markieren.
- **Smartphones**: Viele moderne Smartphones verwenden Gesichtserkennung, um das Gerät zu entsperren.

Diese Technologie hat das Potenzial, viele Bereiche zu revolutionieren, von der Medizin bis zur autonomen Fahrzeugtechnik.

KI Ende

Ohne ein Roboter zu sein, könnte man als Mensch vielleicht meinen:

Fiktive Dialoge - ein paar Stunden Intensivcoaching
Denkanstöße
Wissensmanagement
Storytelling
Content
Inspiration
Diskurs
DecisionSupport
Gehirntraining - wenn es gut werden soll
Verstehen lernen
Vernetzt denken
Potenziale ausschöpfen
Komplexität reduzieren
Gestaltbar machen
Wissen transferieren
Proaktiv agieren

Executive Coaching
Denkstudio für strategisches Wissensmanagement

Roboter und die Gedanken von Menschen: wenn Roboter tun sollen, was man ihnen sagt, muss er dies zuvor verstehen, zum Beispiel mit Hilfe von Software. Selbstlernende Systeme können aber ausgehend von programmierten Verhaltensmustern mittlerweile schon Rückschlüsse auf die von ihnen zukünftig zu erwartende Haltung ziehen. Künstliche Intelligenz (KI) meint zu wissen, was der Mensch denkt, bevor er es ausspricht. Wissenschaftlern ist es mit Hilfe von Erkenntnissen aus der Erforschung des menschlichen Gehirns gelungen, das Denken von Gedanken einzufangen (bevor diese in irgendeiner Form überhaupt geäußert wurden). Gleichzeitig war es möglich, diese Gedankenwelt auf eine computergetriebene und sich selbst steuernde Maschine zu übertragen. Dabei wurden mit Spezialcomputern die Aktivitäten eines menschlichen Gehirns während des Denkens erfasst, in einen binären Code umgewandelt und auf einen Roboter übertragen. Der war in der Lage, diese Informationen aufzunehmen, zu verstehen und in eine gerade verrichtete Handlung einzuspeisen.

Dieser Weg definiert eine neue Beziehung zwischen Natur und Technik. Erforscht werden „Landkarten des Denkens". Wie ist ein Gehirn im Detail aufgebaut? Wie denkt der Mensch? Was genau geschieht dabei? Was steuert das Denken? Ist Denken beeinflussbar? Forscher kommen zu dem Schluss, dass heutige Computer zwar keine großen Kommunikatoren sein mögen, aber viel Potenzial haben, Gedanken zu lesen. Ob wir wollen oder nicht: wir werden uns mit Robotern mehr oder weniger anfreunden müssen. Sie werden mit uns kommunizieren, sich mit uns unterhalten, für und mit uns arbeiten.

Ein wichtiger Gesichtspunkt: jedes computergestützte System muss auch mit Fehlern und Sicherheitsrisiken umgehen. Diese potenzieren sich immer dann, wenn viele solcher Systeme vernetzt sind (und damit automatisch verwundbar werden). Und anders als bei bisherigen Computersystemen, die uns überall umgeben und deren Sicherheitsmacken viele als eine Art Naturgesetz hinnehmen, kann ein sabotierter oder böswillig übernommener mobiler Roboter physischen Schaden verursachen. Er besitzt Fortbewegungsmethoden, Sensoren und bewegt sich auch außerhalb der virtuellen Welt. Im „Internet der Dinge" könnten schon schlichte Tippfehler eines Administrators die teuren Geräte in buchstäblich „hirnlosen" Elektroschrott verwandeln. Eine Gefahrenquelle sehen Forscher darin, dass in den Roboterlaboren bestimmte Vorgehensweisen (Software) verbreitet sind, die wenig mit Sicherheit, sondern in erster Linie mit der Funktionalität zu tun haben, um aus einer Laborversion möglichst schnell marktfähige Produkte werden zu lassen.

Salve, lieber HOLA-Weggefährte,
Nichts ist mehr so wie es war

wenn wir einmal die allgegenwärtige KI fragen würden......

Sollen oder müssen Personalplanung und Unternehmensplanung verknüpft und die Strategieplanung eingebunden werden?
Was ist eine Personalbilanz?
Welche Hebel- und Rückkoppelungseffekte wirken zwischen Personalfaktoren?

Antworten für Sie werden generiert...

Verknüpfung von Personalplanung und Unternehmensplanung

Ja, Personalplanung und Unternehmensplanung sollten eng miteinander verknüpft sein, und die Strategieplanung sollte dabei eingebunden werden. Dies ist wichtig, um sicherzustellen, dass das Unternehmen über die notwendigen personellen Ressourcen verfügt, um seine strategischen Ziele zu erreichen. Eine integrierte Planung hilft dabei, den Personalbedarf präzise zu ermitteln und sicherzustellen, dass die richtigen Mitarbeiter zur richtigen Zeit am richtigen Ort sind[12].

Personalbilanz

Eine Personalbilanz ist ein Instrument zur Messung und Bewertung der Mitarbeiter- und Führungsqualität in einem Unternehmen. Sie ähnelt einer finanziellen Bilanz, indem sie die Kompetenzen und Potenziale der Mitarbeiter erfasst und analysiert. Ziel ist es, die vorhandenen Potenziale optimal zu nutzen und gezielte Maßnahmen zur Personalentwicklung zu planen[34].

Hebel- und Rückkoppelungseffekte zwischen Personalfaktoren

Hebel- und Rückkoppelungseffekte beschreiben die Wechselwirkungen zwischen verschiedenen Personalfaktoren. Positive Rückkopplung kann beispielsweise zu einem exponentiellen Wachstum führen, wenn eine Variable das Wachstum einer anderen fördert. Negative Rückkopplung wirkt hingegen stabilisierend, indem sie das System im Gleichgewicht hält[56]. In der Personalplanung können solche Effekte auftreten, wenn z.B. eine hohe Mitarbeiterzufriedenheit zu einer höheren Produktivität führt (positive Rückkopplung) oder wenn Überlastung zu einem Anstieg der Fehlzeiten führt (negative Rückkopplung).

Erzählen Sie mehr über die strategische Personalentwicklung.

Antworten für Sie werden generiert...

Strategische Personalentwicklung

Strategische Personalentwicklung ist ein langfristiger und systematischer Prozess, der darauf abzielt, die Fähigkeiten und Kompetenzen der Mitarbeiter in Einklang mit den strategischen Zielen des Unternehmens zu entwickeln. Hier sind einige zentrale Aspekte:

1. **Bedarfsanalyse**: Zunächst wird ermittelt, welche Kompetenzen und Fähigkeiten in Zukunft benötigt werden, um die Unternehmensziele zu erreichen. Dies umfasst sowohl technische Fähigkeiten als auch Soft Skills.

2. **Entwicklungsprogramme**: Basierend auf der Bedarfsanalyse werden maßgeschneiderte Entwicklungsprogramme erstellt. Diese können Schulungen, Workshops, Mentoring-Programme und E-Learning-Kurse umfassen.

3. **Karriereplanung**: Mitarbeiter werden bei ihrer Karriereplanung unterstützt, indem ihnen klare Entwicklungspfade und Aufstiegsmöglichkeiten aufgezeigt werden. Dies fördert die Motivation und Bindung der Mitarbeiter.

4. **Leistungsbewertung**: Regelmäßige Leistungsbewertungen helfen dabei, den Fortschritt der Mitarbeiter zu überwachen und Entwicklungsbedarfe frühzeitig zu erkennen.

5. **Nachfolgeplanung**: Um sicherzustellen, dass Schlüsselpositionen im Unternehmen stets besetzt sind, wird eine Nachfolgeplanung durchgeführt. Dies beinhaltet die

Identifikation und Förderung von Talenten, die in Zukunft Führungspositionen übernehmen können.

6. **Kultur und Werte**: Die Personalentwicklung sollte auch die Unternehmenskultur und -werte berücksichtigen. Mitarbeiter sollten nicht nur fachlich, sondern auch in Bezug auf die Unternehmenswerte weiterentwickelt werden.

Vorteile der strategischen Personalentwicklung

- **Erhöhte Mitarbeiterzufriedenheit**: Durch gezielte Entwicklungsmaßnahmen fühlen sich Mitarbeiter wertgeschätzt und gefördert.
- **Höhere Produktivität**: Gut ausgebildete Mitarbeiter sind in der Lage, effizienter und effektiver zu arbeiten.
- **Wettbewerbsvorteil**: Unternehmen mit gut entwickelten Mitarbeitern können sich besser im Markt behaupten.
- **Reduzierte Fluktuation**: Mitarbeiter, die Entwicklungsmöglichkeiten sehen, bleiben dem Unternehmen länger treu.

Welche Rolle spielt die Führungskraft in der Personalentwicklung?

Antworten für Sie werden generiert...
:
Führungskräfte spielen eine zentrale Rolle in der Personalentwicklung. Hier sind einige der wichtigsten Aspekte:

1. **Vorbildfunktion**: Führungskräfte dienen als Vorbilder für ihre Mitarbeiter. Durch ihr Verhalten und ihre Einstellung setzen sie Standards und Erwartungen, die die Mitarbeiter übernehmen können.

2. **Identifikation von Entwicklungsbedarfen**: Führungskräfte sind oft die ersten, die Entwicklungsbedarfe bei ihren Mitarbeitern erkennen. Sie können durch regelmäßige Feedbackgespräche und Leistungsbewertungen feststellen, wo Schulungs- und Entwicklungsbedarf besteht.
3. **Förderung und Unterstützung**: Führungskräfte unterstützen ihre Mitarbeiter aktiv bei ihrer beruflichen Entwicklung. Dies kann durch Mentoring, Coaching oder die Bereitstellung von Ressourcen und Möglichkeiten zur Weiterbildung geschehen.
4. **Motivation und Engagement**: Durch Anerkennung und Wertschätzung können Führungskräfte die Motivation und das Engagement ihrer Mitarbeiter steigern. Dies trägt dazu bei, dass Mitarbeiter bereit sind, sich weiterzuentwickeln und neue Herausforderungen anzunehmen.
5. **Schaffung einer Lernkultur**: Führungskräfte tragen dazu bei, eine Kultur des kontinuierlichen Lernens und der Entwicklung zu schaffen. Sie ermutigen ihre Mitarbeiter, neue Fähigkeiten zu erlernen und sich ständig weiterzubilden.
6. **Nachfolgeplanung**: Führungskräfte spielen eine Schlüsselrolle bei der Identifikation und Entwicklung von Talenten, die in Zukunft Führungspositionen übernehmen können. Dies stellt sicher, dass das Unternehmen auch langfristig gut aufgestellt ist.
7. **Kommunikation der Unternehmensziele**: Führungskräfte vermitteln die strategischen Ziele des Unternehmens und zeigen auf, wie die Entwicklung der Mitarbeiter zur Erreichung dieser Ziele beiträgt. Dies schafft Klarheit und Ausrichtung.

Durch diese Maßnahmen tragen Führungskräfte maßgeblich dazu bei, dass die Personalentwicklung im Unternehmen erfolgreich umgesetzt wird und die Mitarbeiter ihr volles Potenzial entfalten können.

KI Ende

Ohne ein Roboter zu sein, könnte man als Mensch vielleicht meinen:

Fiktive Dialoge - ein paar Stunden Intensivcoaching
Denkanstöße
Wissensmanagement
Storytelling
Content
Inspiration
Diskurs
DecisionSupport
Gehirntraining - wenn es gut werden soll
Verstehen lernen
Vernetzt denken
Potenziale ausschöpfen
Komplexität reduzieren
Gestaltbar machen
Wissen transferieren
Proaktiv agieren

Executive Coaching
Denkstudio für strategisches Wissensmanagement

Auf der strategischen Ebene ist es sinnvoll, eine enge Verknüpfung zwischen Personalentwicklungs- und Unternehmensplanung herbeizuführen. Anhand des nachfolgenden Personal-Portfolios geht es um die Fragen:
wie sieht das aktuelle Leistungsverhalten aus?
wie soll das zukünftige Entwicklungspotential aussehen?

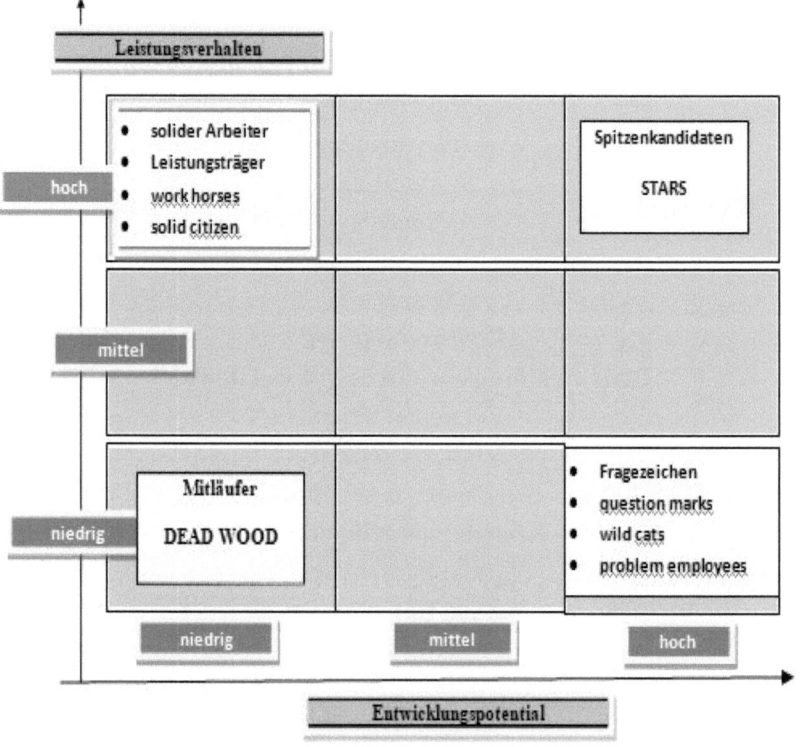

Umsetzungshilfen mit den Funktionen einer Personalbilanz: eine solche Personalbilanz funktioniert als 360-Grad-Radarschirm für verschiedene Beobachtungszwecke und -

ebenen, mit dem insbesondere auch „weiche" Personalfaktoren umfassend identifiziert, differenziert abgebildet sowie systematisch bewertet werden können. Aus den Ergebnissen der Personalbilanz (beispielsweise einem Potenzial-Portfolio) können für das Personalcontrolling fundierte, abstimmungsfähige Maßnahmen- und Handlungsempfehlungen abgeleitet werden.

Die Personalbilanz unterstützt die Früherkennung künftiger Chancen und Risiken. Da eine reine Status-quo-Betrachtung auf Dauer nicht ausreicht, kann diese hinsichtlich künftiger Perspektiven erweitert werden. Viele Darstellungsmöglichkeiten, wie z.B. Ampel-Diagramme mit rot-gelb-grün-Bereichen für die Bewertung von Personalfaktoren, sind einfach verstehbar und können dadurch die Glaubwürdigkeit und Akzeptanz von Personalentscheidungen erhöhen.

Die Personalbilanz ist auf einer auch in der Wirtschaft gängigen Systematik aufgebaut und kommt daher der Controlling-Denkweise entgegen. Die Personenbilanz kann als breite Kommunikationsplattform für Entwicklungsmaßnahmen eingesetzt werden. Nichts ist so überzeugend wie eine Anschaulichkeit, wie sie in Form von Portfolio-, Ampeldiagramm- und Wirkungsnetz-Darstellungen geboten wird. Dabei werden auch ganzheitliche, strategische Denkweisen gefördert. Die Systematik und logische Strukturierung der Personalbilanz bevorzugt eine Vorgehensweise, mit der Bruchstellen und Widersprüchlichkeiten in der Bewertung und Steuerung von Personalfaktoren vermieden werden können.

Die Darstellung legt auch die Dynamik der Wirkungsbeziehungen zwischen Personalfaktoren mit Hebel- und Rückkoppelungseffekten offen (graphische Netzdarstellung). Der für die Erstellung einer Personalbilanz notwendige Aufwand fällt nicht wiederholt an, da einmal erfasste Grundstrukturen bei einer Aktualisierung nur noch ergänzt und fortgeschrieben werden müssen. Auf der Zeitachse können durch den Vergleich fortgeschriebener Bilanzen Entwicklungen und Trends ablesbar gemacht werden. Das Monitoring der Personenbilanz ist ein Gradmesser, der zeigt, wie das Unternehmen auf seiner weiteren Wegstrecke vorangekommen ist.

Mit Hilfe der Personalbilanz kann nicht nur das „Was-ist", sondern auch das „Was-sein-könnte" (Potenziale, Perspektiven) verdeutlicht werden. Im Wettbewerb um qualifizierte Fachkräfte spielen „weiche", oft als nicht bewertbar beurteilte Personalfaktoren eine immer wichtigere Rolle. Über die Personenbilanz können diese „Intangibles" einer transparent nachvollziehbaren und einheitlich durchgängigen Bewertungssystematik zugeführt werden. Die Personalbilanz kann aber immer nur so gut sein wie die in sie eingespeisten Strukturen, Bewertungen und Beschreibungen. Eines ist bereits im Vorfeld gesichert: die für die Erstellung einer Personalbilanz entwickelte Vorgehenssystematik erzwingt eine intensive Beschäftigung und Auseinandersetzung mit allem, was mit Personalfaktoren zusammenhängt. Allein durch die hierbei geleisteten Vorarbeiten fällt ein gesicherter Gewinn an entsprechendem Erkenntniswissen zu.

Bündelung der Potentiale

Trotz zahlreicher Einzelaktivitäten im Zusammenhang mit dem Zukunftsrohstoff „Wissen" gibt es oft noch Lücken, die eine bestmögliche Ausschöpfung der darin steckenden Entwicklungspotentiale behindern. Insbesondere fehlt vielfach noch ein in sich schlüssiges Konzept bzw. Instrument, mit dem sich alle Einzelkomponenten des Intellektuellen Kapitals vollständig und mit einheitlicher Systematik abbilden lassen. Eine der Hauptursachen, warum der Rohstoff „Wissen" trotz seines rasant steigenden Anteils an der Herstellung heutiger Produkte und Dienstleistungen bislang so wenig sicht- und greifbar gemacht wurde, liegt in der komplizierteren Bewertung und Messung immaterieller sogenannter „weicher" Faktoren begründet.

Die Personalbilanz ist auf dem Weg zu einer zahlenmäßigen Erfassung inzwischen ein gutes Stück des Weges vorangekommen und hat hierfür auch praxistaugliche Instrumente, Verfahren und Software entwickelt. Diese ermöglichen es nicht nur, sich in einem hochkomplexen Wissensumfeld Wettbewerbsvorteile zu verschaffen, sie machen durch ihre gängige Zahlenwelt auch eine Nachvollziehbarkeit für außenstehende Dritte möglich. Gegenüber der üblichen Bilanzierung materieller Wirtschaftsgüter hätte das Instrumentarium der Personalbilanz bereits einen entscheidenden Vorteil: es werden auch die zwischen einzelnen Faktoren bestehenden Beziehungen hinsichtlich ihrer

Wirkungsstärke und Wirkungsdauer sichtbar gemacht. Aus diesem ohne entsprechende Instrumente kaum durchschaubaren Beziehungsgeflecht lassen sich diejenigen Maßnahmen herausfiltern, die aufgrund ihrer hohen Hebelwirkung das größte Potential erwarten lassen.

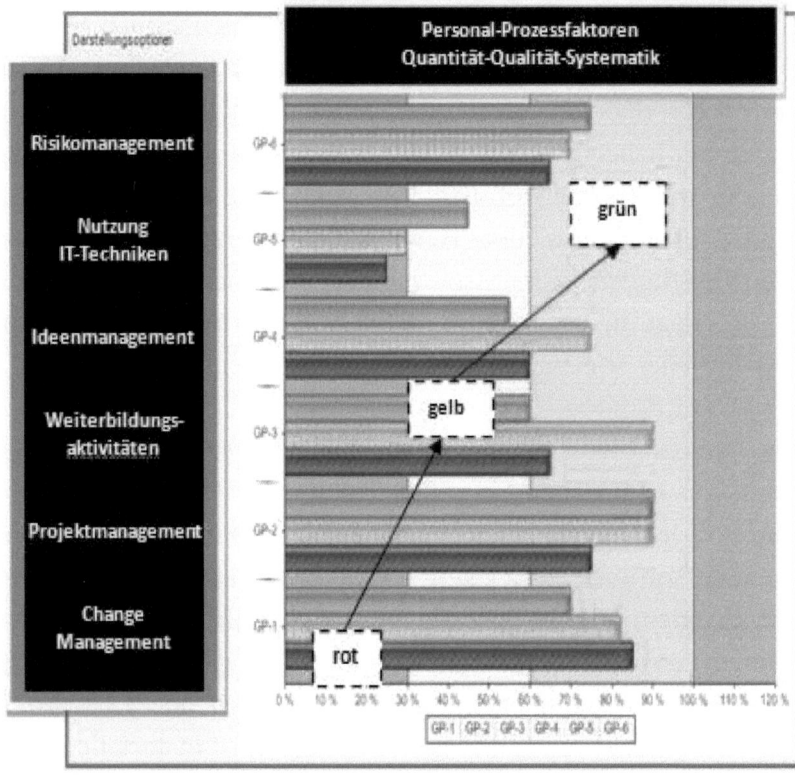

Die obige Graphik ist eine Übersichts-Darstellung der *Personal-Prozessfaktoren* gemeinsam für die drei Dimensionen Quantität,

Qualität und Systematik. In jedem 3-er-Balkenbündel zeigt der obere Balken die Quantität, der mittlere Balken die Qualität und der untere Balken die Systematik des jeweiligen *Personal-Prozessfaktors* an. Die Reichweite der Beurteilungsbalken umfasst einen Bereich von 0 – 120 % und ist jeweils in rote, gelbe und grüne Ampel-Bereiche unterteilt. D.h. auf einen Blick wird ersichtlich, bei welchem der Personalfaktoren die Ampel auf rot oder gelb, d.h. Achtung ! steht.

Die Dingwelt, in der wir uns orientieren, verändert sich rapide: da wir dauern mit Informations-Clouds in Kontakt stehen und die analoge Wirklichkeit manchmal in den Hintergrund zu rücken scheint. Menschen können nicht nur über die Sinnesorgane reizenden Dinge nachdenken, wie etwas vor sich geht. Dafür werden Verfahren genutzt, die von gegebenen Reizen abstrahieren, um Grundmuster besser erkennen zu können. Auch die KI stellt Zusammenhänge (zwischen Daten) her und basiert auf Mustererkennung. Unter Intelligenz kann man nun dasjenige Vermögen verstehen, eine möglichst einfache Lösung eines gegebenen Problems zu finden. Wer intelligenter als jemand anderes ist, findet eine solche Problemlösung schneller und kommt dadurch vor dem Anderen ans Ziel. Die menschliche Intelligenz (MI) ist fehleranfällig, denn sie ist diejenige eines (endlichen) Lebewesens. Während wir leben sind wir dauernd bedroht (durch Krankheit, Hunger, Tod, Überfälle oder Zufälle aller Art). Die menschliche Intelligenz wurde von der Evolution über Jahrmillionen ausgebildet und ist darauf zugeschnitten, überall nach Erklärungsmustern zu suchen, um vor Gefahren zu schützen. Deswegen kommt es nicht darauf an, mathematisch präzise zu funktionieren, menschliches Denken wird durch ein hohes Maß an Zufall bestimmt. Menschen sind als geistige Lebewesen genau deswegen frei, weil es keinen universalen Algorithmus gibt, dem das Denken Folge leisten muss. Menschen sind von nichts und niemandem vollständig programmiert und sind deshalb auch nur partiell vorhersagbar. Weil sie dauernd (kleinere und größere) Fehler begehen, für die man keine Programme schreiben kann. Menschen können sich gegenseitig von selbstgesetzten Zielen abbringen, weil sie nicht nur stur Regeln befolgen, weil ihre Intelligenz zutiefst biologisch verankert ist. Im Gegensatz hierzu sind Datenbanken und Suchmaschinen weder bewusst noch denkend. Die Schaltkreise der digitalen Technik sind schlicht nicht dafür geeignet, Träger von Bewusstsein zu sein. Bewusstsein aber ist die Voraussetzung von Denken und Intelligenz. Menschen sind nicht nur bewusst (wie andere Tiere auch), sondern sie wissen dies. An der KI wird immer wieder kritisiert, dass Algorithmen nicht wissen, was sie tun. Tatsächlich können Algorithmen mit ganz unterschiedlichen Methoden zum gleichen Ergebnis kommen. Meistens zeigt erst das Resultat, welches der bessere Lösungsweg ist. Mit dem maschinellen Lernen wächst auch die Entfernung vom Gegenstand. Da aber Algorithmen tief auch in das gesellschaftliche Leben eingreifen, sollte (muss) man auch erklären können, nach welchen Kriterien sie ihre Entscheidungen treffen (Forderung nach Transparenz und Nachvollziehbarkeit). Man könnte Teile des Algorithmus entfernen, um zu sehen, welche Folgen das für seine Funktionsweise hat, ihn also wieder auf eine kleinere, von außen nachvollziehbare Aufgaben reduzieren. Es muss sichergestellt werden, dass algorithmenbasierte Entscheidungen nicht das Ergebnis einer zufälligen Korrelation sind (wer wäre schon mit der Erklärung seiner Krankenkasse zufrieden, der Beitrag sei erhöht worden, weil man aufgrund seines langsamen Tastaturanschlages statistisch in eine höhere Risikoklasse falle?).

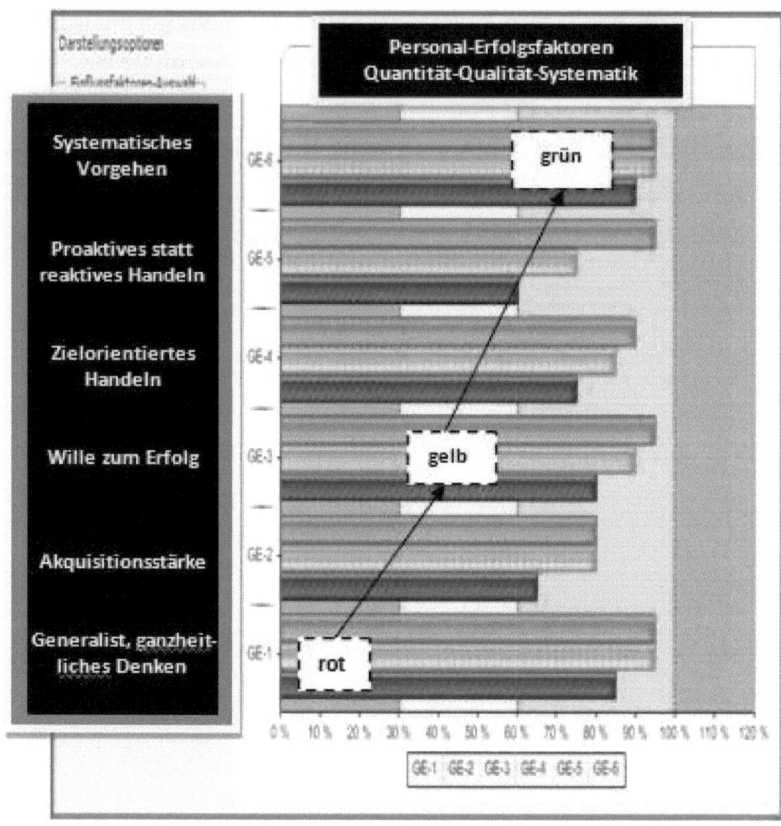

Die obige Graphik ist eine Übersichts-Darstellung der *Personal-Erfolgsfaktoren* gemeinsam für die *drei Dimensionen Quantität, Qualität und Systematik.* In jedem 3-er-Balkenbündel zeigt der obere Balken die Quantität, der mittlere Balken die Qualität und der untere Balken die Systematik des jeweiligen Personal-Erfolgsfaktors an. Die Reichweite der Beurteilungsbalken umfasst einen Bereich von 0 – 120 % und ist jeweils in rote, gelbe und grüne Ampel-Bereiche unterteilt. D.h. auf einen Blick wird ersichtlich, bei welchem der Personalfaktoren die Ampel auf rot oder gelb, d.h. Achtung! steht.

Salve, lieber HOLA-Weggefährte,
Nichts ist mehr so wie es war

wenn wir einmal die allgegenwärtige KI fragen würden……

Wie kann man komplexe Systeme und Verhaltensweisen mit Deep Mind untersuchen?
Welche Rolle spielt die künstliche Intelligenz im Personalwesen?
Welche Merkmale prägen das deutsche duale Ausbildungssystem?

Antworten für Sie werden generiert…
:
Untersuchung komplexer Systeme mit DeepMind

DeepMind, ein führendes Unternehmen im Bereich der künstlichen Intelligenz, nutzt fortschrittliche Algorithmen und maschinelles Lernen, um komplexe Systeme und Verhaltensweisen zu untersuchen. Ein Beispiel ist die Verwendung von Multi-Agenten-Systemen, bei denen mehrere KI-Agenten in simulierten Umgebungen interagieren. Diese Agenten können kooperieren oder konkurrieren, um bestimmte Ziele zu erreichen, was Einblicke in das Verhalten und die Dynamik solcher Systeme bietet[1]. Ein bekanntes Experiment ist das Spiel "Gathering", bei dem KI-Agenten Äpfel sammeln und dabei entscheiden müssen, ob sie kooperativ oder aggressiv vorgehen[1].

Rolle der künstlichen Intelligenz im Personalwesen

Künstliche Intelligenz (KI) revolutioniert das Personalwesen in vielerlei Hinsicht. Hier sind einige der wichtigsten Anwendungen und Vorteile:

1. **Recruiting**: KI-gestützte Systeme können Lebensläufe analysieren, geeignete Kandidaten identifizieren und sogar erste Interviews durchführen[2].
2. **Talentmanagement**: KI hilft dabei, die Stärken und Schwächen von Mitarbeitern zu erkennen und maßgeschneiderte Entwicklungspläne zu erstellen[3].
3. **Mitarbeitererfahrung**: Durch die Automatisierung von Routineaufgaben wie Terminplanung und Urlaubsverwaltung können sich HR-Teams auf strategischere Aufgaben konzentrieren[4].
4. **Vorhersagen und Analysen**: KI kann Daten analysieren und Vorhersagen treffen, die bei strategischen Entscheidungen helfen, wie z.B. bei der Planung von Schulungen oder der Identifizierung von Fluktuationsrisiken[3].

Merkmale des deutschen dualen Ausbildungssystems

Das deutsche duale Ausbildungssystem zeichnet sich durch die Kombination von theoretischem Unterricht und praktischer Ausbildung aus. Hier sind einige der wichtigsten Merkmale:

1. **Zwei Lernorte**: Die Ausbildung findet sowohl in Berufsschulen als auch in Betrieben statt. Dies ermöglicht eine enge Verzahnung von Theorie und Praxis[5].
2. **Berufsschule**: Hier wird das theoretische Wissen vermittelt, das für den jeweiligen Beruf notwendig ist[5].
3. **Betrieb**: In den Betrieben sammeln die Auszubildenden praktische Erfahrungen und lernen die realen Arbeitsbedingungen kennen[5].
4. **Regelungen und Standards**: Die Ausbildung ist durch das Berufsbildungsgesetz (BBiG) und die Handwerksordnung (HwO) geregelt, was für eine hohe Qualität und Einheitlichkeit sorgt[5].
5. **Prüfungen**: Am Ende der Ausbildung stehen Prüfungen, die von den Industrie- und Handelskammern (IHK) oder den Handwerkskammern abgenommen werden[6].

Welche Berufe sind typisch für das deutsche duale Ausbildungssystem?

Antworten für Sie werden generiert...
:
Das deutsche duale Ausbildungssystem bietet eine Vielzahl von Berufen in verschiedenen Branchen. Hier sind einige typische Berufe:

Industrie und Handel

- **Bankkaufmann/-frau**: Tätigkeiten im Bankwesen, Kundenberatung und Finanzdienstleistungen.
- **Kaufmann/-frau für Büromanagement**: Organisation und Verwaltung von Büroprozessen.
- **Fachinformatiker/-in**: Entwicklung und Betreuung von IT-Systemen.

- **Industriemechaniker/-in**: Wartung und Reparatur von Maschinen und Anlagen.
- **Koch/Köchin**: Zubereitung von Speisen in Restaurants und Hotels.
- **Verkäufer/-in**: Verkauf und Beratung im Einzelhandel.
- **Versicherungskaufmann/-frau**: Beratung und Verkauf von Versicherungsprodukten[1].

Handwerk

- **Augenoptiker/-in**: Anfertigung und Anpassung von Brillen und Kontaktlinsen.
- **Bäcker/-in**: Herstellung von Backwaren.
- **Brauer/-in und Mälzer/-in**: Produktion von Bier und anderen Getränken.
- **Fotograf/-in**: Erstellung von Fotos für verschiedene Zwecke.
- **Friseur/-in**: Haarschnitte und Styling.
- **Maler/-in und Lackierer/-in**: Gestaltung und Renovierung von Innen- und Außenbereichen[1].

Landwirtschaft

- **Forstwirt/-in**: Pflege und Bewirtschaftung von Wäldern.
- **Gärtner/-in**: Gestaltung und Pflege von Gärten und Grünanlagen.
- **Hauswirtschafter/-in**: Organisation und Durchführung von Haushaltsarbeiten.
- **Landwirt/-in**: Produktion von landwirtschaftlichen Erzeugnissen[1].

Diese Berufe bieten eine gute Mischung aus theoretischem Wissen und praktischer Erfahrung, was sie besonders attraktiv für viele junge Menschen macht.

KI Ende

Ohne ein Roboter zu sein, könnte man als Mensch vielleicht meinen:

Fiktive Dialoge - ein paar Stunden Intensivcoaching
Denkanstöße
Wissensmanagement
Storytelling
Content
Inspiration
Diskurs
DecisionSupport
Gehirntraining - wenn es gut werden soll
Verstehen lernen
Vernetzt denken
Potenziale ausschöpfen
Komplexität reduzieren
Gestaltbar machen
Wissen transferieren
Proaktiv agieren

Executive Coaching
Denkstudio für strategisches Wissensmanagement

Wenn künstliche Intelligenz pokert, blufft oder aggressiv wird: mittlerweile hat ein Computer auch schon die vier besten Pokerspieler der Welt besiegt und dabei sogar unvollkommene oder irreführende Informationen wie einen Bluff ziemlich korrekt interpretiert. Damit scheinen Softwareprogramme der künstlichen Intelligenz eine noch höhere Stufe als schon bei ihren Schachsiegen (wo es noch keine versteckten Informationen gab und die Regeln noch eindeutig waren) erreicht zu haben. Deep-Mind-Forscher arbeiten weiter daran, das Verhalten komplexer Systeme mit vielen Teilnehmern besser zu verstehen (und zu kontrollieren wie beispielsweise eine ganze Volkswirtschaft mit komplexen Verkehrssystemen oder Herausforderungen für die Umwelt). Beispielsweise haben sie im Rahmen von Testreihen künstliche Intelligenzen auch gegeneinander antreten lassen und dabei herausgefunden, dass sie sich je nach Umfeld aufgrund gemachter eigener Erfahrungen unterschiedlich verhalten. In einem Test ging es dabei darum, möglichst viele Gegenstände auf einer bestimmten Fläche einzusammeln, mit der zusätzlichen Möglichkeit seinen Spielgegner per Laserstrahl zeitweilig außer Gefecht zu setzen. Gab es ein relativ großes Angebot an Gegenständen sammelten die lernenden Softwareprogramme einfach ein und teilten sich das Ergebnis. Wurden die Parameter durch Verknappung des Angebots jedoch verändert, passten die selbstlernenden Systeme daraufhin ihre Strategien an: von einem Lernumfeld, das zunächst durch Überfluss geprägt war, wurden ihre Strategien vor dem Hintergrund zunehmender Verknappung aggressiver (d.h. der Gegenspieler wurde per Laserstrahl zunehmend öfter außer Gefecht gesetzt). Die Forscher fanden heraus, dass die künstliche Intelligenz in einem größeren und komplexeren Netzwerk schneller lernte, die Wettstreiter zu sabotieren, als in einem einfacheren System.

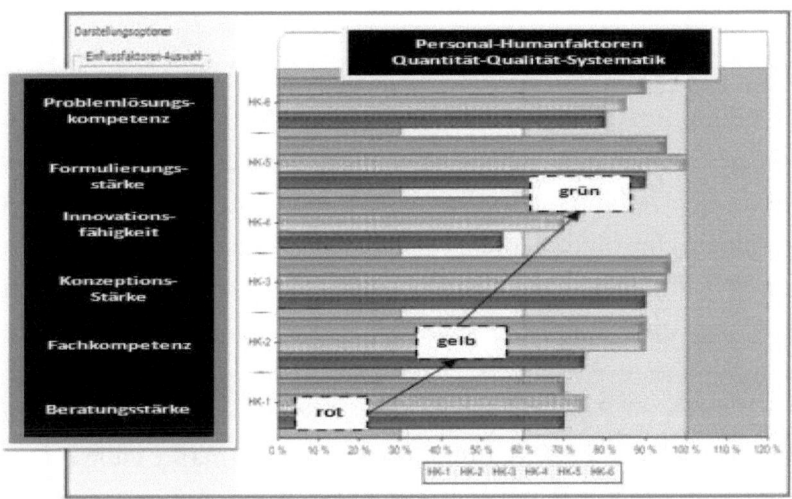

Die obige Graphik ist eine Übersichts-Darstellung der *Personal-Humanfaktoren* gemeinsam für die *drei Dimensionen Quantität, Qualität und Systematik*. In jedem 3-er-Balkenbündel zeigt der obere Balken die Quantität, der mittlere Balken die Qualität und der untere Balken die Systematik des jeweiligen Personal-Humanfaktors an. Die Reichweite der Beurteilungsbalken umfasst einen Bereich von 0 – 120 % und ist jeweils in rote, gelbe und grüne Ampel-Bereiche unterteilt. D.h. auf einen Blick wird ersichtlich, bei welchem der Personalfaktoren die Ampel auf rot oder gelb, d.h. Achtung ! steht.

Kehrseite der dualen Ausbildung: das deutsche duale Ausbildungssystem gilt als vorbildlich. Wer einen Ausbildungsberuf erlernt schafft meistens schnell den Einstieg ins Erwerbsleben, durch die Ausbildung in Betrieben und Berufsschulen ist der Übergang von der Schul- in die Arbeitswelt gleitend. Doch kann die berufsspezifische Ausbildung auch zum Problem werden, wenn der gewählte Beruf (z.b. Schneider, Weber, Drucker, Foto- oder Filmlaborant) zum Auslaufmodell wird. D.h. eine berufsspezifische Ausbildung erleichtert zwar am Anfang den Eintritt in den Arbeitsmarkt, verringert aber mit zunehmendem Alter unter Umständen die Beschäftigungschancen. Durch einen immer schnelleren technischen und strukturellen Wandel kann sich der anfängliche Beschäftigungsvorteil gegenüber allgemeinbildenden Abschlüssen im Laufe der Jahre in ein höheres Beschäftigungsrisiko umkehren. Wenn beispielsweise nach zwanzig oder dreißig Jahren auf dem Arbeitsmarkt viele erlernte berufsspezifische Kompetenzen nicht mehr gefragt sind. Wer vor dreißig Jahren eine hervorragende Ausbildung zum Schneider erhalten hat, hat es heute auf dem Arbeitsmarkt schwer. „Das hat mit Veränderungen wie Globalisierung, Automatisierung und Digitalisierung zu tun. Deshalb weiß auch niemand, welche Kompetenzen in 30 Jahren – wenn die heutigen Azubis noch nicht einmal 50 Jahre alt sind – in der Wirtschaft gefragt sein werden. D.h. eine starke Fokussierung auf ein enges Berufsbild erleichtert zwar den Schritt von der Schul- in die Arbeitswelt, verringert aber im späteren Alter die Anpassungsfähigkeit an eine sich wandelnde Wirtschaft. Nach Meinung von Experten wäre es sinnvoll, den allgemeinbildenden Anteil an den Ausbildungsinhalten aufzustocken und auf eine lebenslange Weiterbildung zu setzen. Durch eine weniger starke Spezialisierung würde es den Auszubildenden später leichter fallen, auch einmal die Branche zu wechseln. Denn in 30 Jahren wird die Arbeitswelt anders aussehen – nur weiß heute niemand, wie. Aber wer heute ausgebildet wird soll (muss) auch in 30 oder 40 Jahren noch auf dem Arbeitsmarkt unterkommen können.

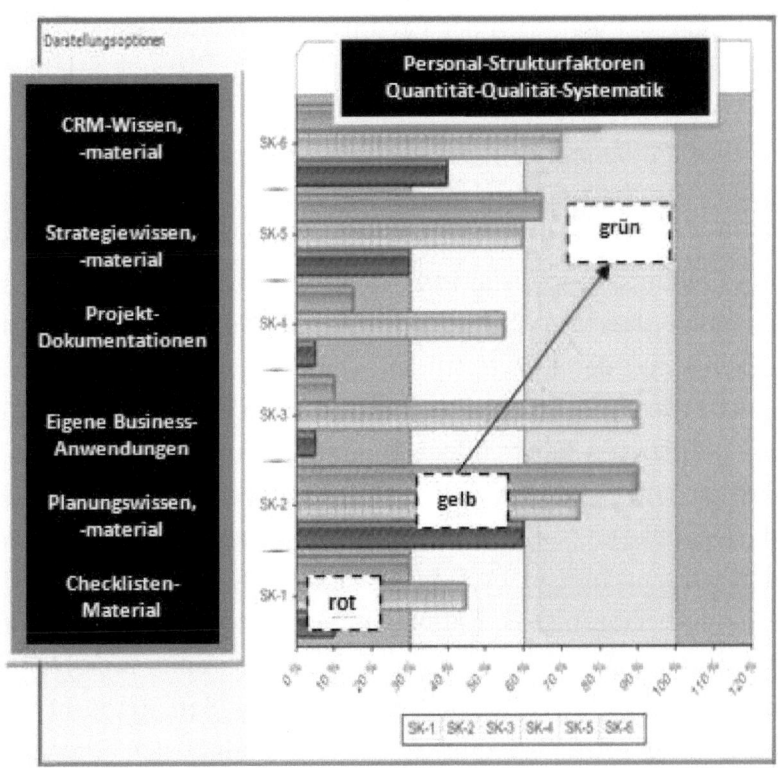

Die obige Graphik ist eine Übersichts-Darstellung der *Personal-Strukturfaktoren* gemeinsam für die *drei Dimensionen Quantität, Qualität und Systematik.* In jedem 3-er-Balkenbündel zeigt der obere Balken die Quantität, der mittlere Balken die Qualität und der untere Balken die Systematik des jeweiligen Personal-Strukturfaktors an. Die Reichweite der Beurteilungsbalken umfasst einen Bereich von 0 – 120 % und ist jeweils in rote, gelbe und grüne Ampel-Bereiche unterteilt. D.h. auf einen Blick wird ersichtlich, bei welchem der Personalfaktoren die Ampel auf rot oder gelb, d.h. Achtung ! steht.

Personalbewertung im Wissenschaftssystem: auch (oder gerade) im Wissenschaftssystem nimmt mit der Dynamik von Forschungsprozessen der Wettbewerb um Ressourcen zu. Dadurch steigt (zwangsläufig?) die Erwartung, Ergebnisse (und seien sie auch noch so klein) immer schneller zu veröffentlichen. Zum anderen steigt der Druck, in den wenigen Journalen mit hohem Impact-Faktor publizieren zu müssen. Immer schneller, immer mehr publizieren heißt: in der Wissenschaft rücken quantitative Faktoren immer stärker in den Vordergrund: "wissenschaftsintern entwickelte, spezialisierte Qualitätsbewertungen werden durch wissenschaftsextern überprüfbare und vereinheitliche Bewertungsverfahren (z.B. Ratings und Rankings) ersetzt". Für das forschende Personal birgt dadurch das Beschreiten ungewöhnlicher Forschungswege ein hohes Risiko des Scheiterns in sich. „Darunter leidet früher oder später die Qualität der Forschung. Es drohen Situationen, in denen risikobehaftete Projekte gar nicht erst in Angriff genommen werden und radikal neue Ideen keine finanzielle Unterstützung finden." Von einem Wissenschaftler werden aber nicht nur Publikationen, sondern auch Vorträge auf Fachkonferenzen, renommierte Preise, hohe Drittmitteleinwerbungen, akademische Lehrleistungen, Erfolge im Wissenstransfer, Engagement und Erfahrung in der akademischen Selbstverwaltung, internationale Kooperationen sowie Projektmanagement- und Führungskompetenzen erwartet. Dabei tritt die qualitative Bewertung der Persönlichkeit, der Forschungsinteressen, Ideen und Fähigkeiten in Auswahlverfahren (leider) zunehmend in den Hintergrund. Der im Wissenschaftssystem herrschende enorme Publikationsdruck überdeckt eine umfassende Bewertung eines Wissenschaftlers (seiner bisherigen und erwartbaren wissenschaftlichen Leistungen) vor dem Hintergrund persönlicher Faktoren und spezifischer Aspekte seiner Biographie. Wesentlicher Bestandteil der Beurteilung eines Wissenschaftlers sind neben den fachspezifischen Forschungsergebnissen auch die sozialen und kommunikativen Kompetenzen (Teamfähigkeit, Mentoringerfahrung, Führungsfähigkeit).

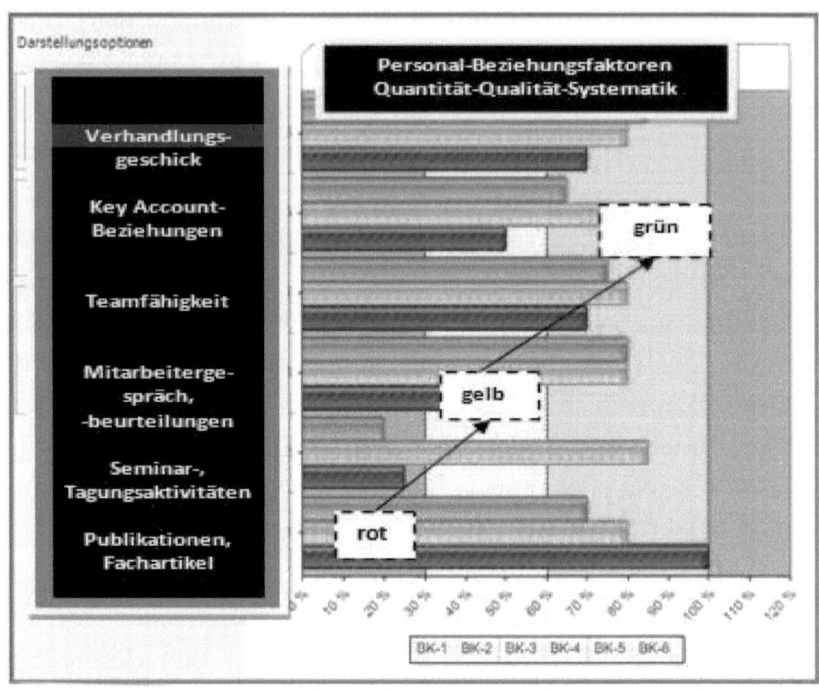

Die obige Graphik ist eine Übersichts-Darstellung der *Personal-Beziehungsfaktoren* gemeinsam für die *drei Dimensionen Quantität, Qualität und Systematik.* In jedem 3-er-Balkenbündel zeigt der obere Balken die Quantität, der mittlere Balken die Qualität und der untere Balken die Systematik des jeweiligen Personal-Beziehungsfaktors an. Die Reichweite der Beurteilungsbalken umfasst einen Bereich von 0 – 120 % und ist jeweils in rote, gelbe und grüne Ampel-Bereiche unterteilt. D.h. auf einen Blick wird ersichtlich, bei welchem der Personalfaktoren die Ampel auf rot oder gelb, d.h. Achtung! steht.

Salve, lieber HOLA-Weggefährte,
Nichts ist mehr so wie es war

wenn wir einmal die allgegenwärtige KI fragen würden......

Aufbau Mitarbeiterbefragung
Mitarbeiter Arbeitszufriedenheit
Mitarbeiter Motivationspotenziale
Führungskompetenz Merkmale

Antworten für Sie werden generiert...

Hier sind einige Informationen zu den Themen, die du angesprochen hast:

Aufbau einer Mitarbeiterbefragung

Eine Mitarbeiterbefragung besteht typischerweise aus mehreren Schritten:

1. **Zieldefinition**: Festlegen, welche Informationen gesammelt werden sollen.
2. **Fragebogenentwicklung**: Erstellung eines Fragebogens mit relevanten Fragen.
3. **Kommunikation**: Informieren der Mitarbeiter über die Befragung und deren Zweck.
4. **Datenerhebung**: Durchführung der Befragung.
5. **Auswertung**: Analyse der gesammelten Daten.
6. **Ergebnispräsentation**: Präsentation der Ergebnisse an die Mitarbeiter.
7. **Maßnahmenableitung**: Entwicklung und Umsetzung von Maßnahmen basierend auf den Ergebnissen[1].

Mitarbeiter Arbeitszufriedenheit

Arbeitszufriedenheit beschreibt, wie zufrieden Mitarbeiter mit ihrer Arbeit und ihrem Arbeitsumfeld sind. Sie wird oft durch Faktoren wie Arbeitsbedingungen, Gehalt, Arbeitsklima und Entwicklungsmöglichkeiten beeinflusst. Modelle wie die Bedürfnispyramide von Maslow und die Zwei-Faktoren-Theorie von Herzberg sind häufige Ansätze zur Analyse und Verbesserung der Arbeitszufriedenheit[23].

Mitarbeiter Motivationspotenziale

Motivationspotenziale beziehen sich auf die Faktoren, die die Motivation der Mitarbeiter steigern können. Dazu gehören sowohl extrinsische (z.B. Gehaltserhöhungen, Beförderungen) als auch intrinsische (z.B. Arbeitszufriedenheit, Sinnhaftigkeit der Arbeit) Motivationsfaktoren. Ein hohes Motivationspotenzial entsteht, wenn die Arbeit abwechslungsreich, bedeutsam und autonom ist und regelmäßiges Feedback gegeben wird[45].

Führungskompetenz Merkmale

Führungskompetenz umfasst eine Vielzahl von Fähigkeiten und Eigenschaften, die eine gute Führungskraft ausmachen. Dazu gehören:

- **Kommunikationsfähigkeit**: Klar und effektiv kommunizieren.
- **Empathie**: Verständnis und Mitgefühl für die Mitarbeiter zeigen.

- **Entscheidungsfähigkeit**: Schnelle und fundierte Entscheidungen treffen.
- **Konfliktlösung**: Konflikte erkennen und konstruktiv lösen.
- <u>**Vorbildfunktion**: Als positives Beispiel vorangehen[67]</u>.

Kannst du mir ein Beispiel für eine Mitarbeiterbefragung geben?

Antworten für Sie werden generiert…

Natürlich! Hier ist ein einfaches Beispiel für eine Mitarbeiterbefragung:

Beispiel Mitarbeiterbefragung

Einleitung

Liebe Mitarbeiterinnen und Mitarbeiter,

wir möchten Ihre Meinung zu verschiedenen Aspekten Ihrer Arbeit und unseres Unternehmens erfahren. Ihre Antworten helfen uns, Verbesserungen vorzunehmen und ein besseres Arbeitsumfeld zu schaffen. Die Befragung ist anonym und dauert etwa 10 Minuten.

Fragen

1. **Arbeitszufriedenheit**
   - Wie zufrieden sind Sie insgesamt mit Ihrer Arbeit? (Sehr zufrieden / Zufrieden / Neutral / Unzufrieden / Sehr unzufrieden)
   - Wie bewerten Sie die Arbeitsbedingungen in Ihrem Büro? (Sehr gut / Gut / Neutral / Schlecht / Sehr schlecht)
   - Haben Sie das Gefühl, dass Ihre Arbeit anerkannt wird? (Immer / Oft / Manchmal / Selten / Nie)

2. Motivation

- Was motiviert Sie am meisten bei Ihrer Arbeit? (Mehrfachauswahl möglich: Gehalt, Arbeitsklima, Entwicklungsmöglichkeiten, Arbeitsinhalte, Anerkennung)
- Wie oft erhalten Sie Feedback zu Ihrer Arbeit? (Wöchentlich / Monatlich / Vierteljährlich / Jährlich / Nie)
- Fühlen Sie sich durch Ihre Arbeit herausgefordert? (Immer / Oft / Manchmal / Selten / Nie)

3. Führung

- Wie bewerten Sie die Kommunikationsfähigkeit Ihrer Führungskraft? (Sehr gut / Gut / Neutral / Schlecht / Sehr schlecht)
- Haben Sie das Gefühl, dass Ihre Führungskraft Ihre Arbeit unterstützt? (Immer / Oft / Manchmal / Selten / Nie)
- Wie gut werden Konflikte in Ihrem Team gelöst? (Sehr gut / Gut / Neutral / Schlecht / Sehr schlecht)

4. Arbeitsumfeld

- Wie zufrieden sind Sie mit der Zusammenarbeit in Ihrem Team? (Sehr zufrieden / Zufrieden / Neutral / Unzufrieden / Sehr unzufrieden)
- Wie bewerten Sie die Ausstattung und Ressourcen, die Ihnen zur Verfügung stehen? (Sehr gut / Gut / Neutral / Schlecht / Sehr schlecht)
- Haben Sie Verbesserungsvorschläge für Ihr Arbeitsumfeld? (Freitextfeld)

Abschluss

Vielen Dank für Ihre Teilnahme! Ihre Rückmeldungen sind für uns sehr wertvoll.

Dieses Beispiel deckt einige der wichtigsten Bereiche ab, die in einer Mitarbeiterbefragung behandelt werden können.

Was sind typische Fragen zur Führungskompetenz in einer Mitarbeiterbefragung?

Antworten für Sie werden generiert...

Hier sind einige typische Fragen zur Führungskompetenz, die in einer Mitarbeiterbefragung gestellt werden können:

1. **Kommunikationsfähigkeit**
   o Wie bewerten Sie die Kommunikationsfähigkeit Ihrer Führungskraft? (Sehr gut / Gut / Neutral / Schlecht / Sehr schlecht)
   o Werden wichtige Informationen rechtzeitig und klar kommuniziert? (Immer / Oft / Manchmal / Selten / Nie)
2. **Unterstützung und Förderung**
   o Fühlen Sie sich von Ihrer Führungskraft ausreichend unterstützt? (Immer / Oft / Manchmal / Selten / Nie)
   o Wie gut fördert Ihre Führungskraft Ihre berufliche Entwicklung? (Sehr gut / Gut / Neutral / Schlecht / Sehr schlecht)
3. **Entscheidungsfähigkeit**
   o Wie bewerten Sie die Entscheidungsfähigkeit Ihrer Führungskraft? (Sehr gut / Gut / Neutral / Schlecht / Sehr schlecht)

- o Werden Entscheidungen transparent und nachvollziehbar getroffen? (Immer / Oft / Manchmal / Selten / Nie)

4. **Konfliktlösung**
   - o Wie gut löst Ihre Führungskraft Konflikte im Team? (Sehr gut / Gut / Neutral / Schlecht / Sehr schlecht)
   - o Haben Sie das Gefühl, dass Ihre Führungskraft bei Konflikten fair und objektiv handelt? (Immer / Oft / Manchmal / Selten / Nie)

5. **Vorbildfunktion**
   - o Wie gut lebt Ihre Führungskraft die Werte und Ziele des Unternehmens vor? (Sehr gut / Gut / Neutral / Schlecht / Sehr schlecht)
   - o Fühlen Sie sich durch das Verhalten Ihrer Führungskraft inspiriert und motiviert? (Immer / Oft / Manchmal / Selten / Nie)

Diese Fragen helfen dabei, ein umfassendes Bild der Führungskompetenzen im Unternehmen zu erhalten und Bereiche zu identifizieren, in denen Verbesserungen notwendig sind[1].

KI Ende

Ohne ein Roboter zu sein, könnte man als Mensch vielleicht meinen:

Fiktive Dialoge - ein paar Stunden Intensivcoaching
Denkanstöße
Wissensmanagement
Storytelling

Content
Inspiration
Diskurs
DecisionSupport
Gehirntraining - wenn es gut werden soll
Verstehen lernen
Vernetzt denken
Potenziale ausschöpfen
Komplexität reduzieren
Gestaltbar machen
Wissen transferieren
Proaktiv agieren

Executive Coaching
Denkstudio für strategisches Wissensmanagement

Manche Menschen sind geborene Führungskräfte. D.h. nicht, dass sie begnadete Selbstdarsteller sind, sondern dass sie Verantwortung übernehmen und es mögen, Beziehungen zu knüpfen und Entscheidungen zu treffen. Siebzig Prozent der Führungsaufgaben fallen in das Feld Innenpolitik. Oft werden sich Menschen erst dann klar, ob sich genau dafür eignen oder nicht, wenn sie schon im mittleren Management angekommen sind und sich vom allgegenwärtigen Druck überfordert fühlen. Exzellenz in dem was man tut, ist hierbei zwar wesentlich, aber nicht allein entscheidend. Mit Willen, Ehrgeiz und bestimmten Aspekten der sozialen Kompetenz kann man auch durchschnittliche Fähigkeiten auf der Karriereleiter wettmachen. Seitens der

Unternehmensberatung Kienbaum wurde hierzu ein Bewertungsschema entwickelt. Dieses gliedert sich in verschiedene Einzelkapitel:

Führungsmotivation: hohe Werte in dieser Kategorie weisen auf ein großes Interesse an Führungs- und Steuerungsaufgaben hin. Menschen mit hier hohen Werten ist es wichtig, im Mittelpunkt zu stehen, die Hauptrolle zu spielen. Besonders hohe Werte deuten auf sehr dominantes Verhalten hin, niedrige Werte sind ein Warnsignal für geringe Führungsmotivation und Zurückhaltung in sozialen Situationen. Einzelfragen:
In meiner beruflichen Laufbahn strebe ich ein hohes Maß an Anerkennung und Prestige an
Ich versuche eher meinen eigenen Willen durchzusetzen, als mich von anderen dominieren zu lassen
Ich fühle mich ganz in meinem Element, wenn es darum geht, die Tätigkeiten anderer zu leiten
Ich stehe gern im Mittelpunkt
Ich versuche oft, die Entscheidungen anderer in meinem Sinne zu beeinflussen

Handlungsorientierung: es wird eingeschätzt, ob sich jemand ohne langwieriges Abwägen den Problemen stellt. Hohe Werte stehen für den Macher-Typ (sehr hohe Werte können aber auch auf einen impulsiven, leicht reizbaren Menschen hinweisen). Niedrige Werte deuten auf einen eher Abwäger-Typ hin, der oft unsicher und zweifelnd agiert. Einzelfragen:
Rasches Zupacken liegt mir mehr als langwierige Vorbereitung

Bürokratische Regelungen und Vorschriften waren schon immer ein Gräuel für mich

Es langweilt mich, wenn ich über lange Zeit an demselben Problem arbeiten muss

Ich vermeide es, an einer Sache gedanklich festzuhalten, die kaum Aussicht auf Erfolg hat

Ich habe ein starkes Bedürfnis nach Unabhängigkeit

Flexibilität: hohe Werte in diesem Bereich deuten darauf hin, dass es sich um einen flexiblen Menschen handelt, dem es leichtfällt, sich wechselnden Gegebenheiten anzupassen und Neues auszuprobieren. Unvorhergesehene Ereignisse machen ihm wenig aus, er kann leicht vertraute Dinge hinter sich lassen (vorteilhaft beim Karriereaufstieg). Einzelfragen:

Ich habe es nicht gern, wenn Dinge ungewiss und unvorhersehbar sind

Ich finde, dass eine geordnete Lebensweise, in der alles planmäßig verläuft, meinem Charakter am ehesten entspricht

Ich könnte mir vorstelle, einmal beruflich etwas ganz anderes zu machen

Eine abwechslungsreiche Tätigkeit bedeutet mir mehr als ein sicherer Arbeitsplatz

Gutes Benehmen und die Beachtung von Regeln bewerte ich höher als eine ungezwungene Lebensweise.

Kontaktorientierung: ein hoher Punktwert in dieser Kategorie weist auf eine kontaktstarke Persönlichkeit hin, die gerne auf

andere Menschen zugeht. Sie mag es, mit anderen ins Gespräch zu kommen und diese zu begeistern. Einzelfragen:
Ich halte mich für einen geselligen Menschen
Ich verfüge über einen großen Bekanntenkreis
Ich entscheide mich meist für Freizeitbeschäftigungen, die ich zusammen mit anderen Menschen ausüben kann
Ich gehöre mehreren Vereinen und Clubs an
Ich werde als ein sehr begeisterungsfähiger und lebhafter Mensch eingeschätzt

Empfindsamkeit: viele Punkte in dieser Kategorie deuten an, emotional leicht störbar zu sein. Persönliche Angriffe und Kritik können entmutigend wirken. Eine solche Persönlichkeit reagiert sensibel auf Misserfolge und Spannungen (kein dickes Fell). Einzelfragen:
Manchmal wünsche ich, ich hätte ein dickeres Fell und würde die Dinge etwas leichter nehmen
Wenn ich unter Zeitdruck stehe, bin ich manchmal etwas gereizt oder überempfindlich
Auf persönliche Angriffe reagiere ich sehr empfindlich
Ich gehöre zu den Menschen, die die Dinge im Allgemeinen leichtnehmen
Wenn bei mir einmal etwas schiefgeht, regt mich das nicht weiter auf.

Gewissenhaftigkeit: hohe Punktzahlen weisen darauf hin, dass die Person Aufgaben und Vereinbarungen mit großer Zuverläs-

sigkeit erfüllen möchte. Unerledigtes empfindet sie als störend.
Einzelfragen:
Ich bin ein ziemlich genauer Mensch, der immer darauf besteht, alles möglichst korrekt zu erledigen
Im Berufsalltag gilt für mich der Satz: vertrauen ist gut, Kontrolle ist besser.
Wenn ich an einer wichtigen Sache arbeite, unterbreche ich sie gerne einmal zwischendurch, um etwas anderes zu tun
Ich habe ein starkes Bedürfnis nach Unabhängigkeit
Ich lasse ungern etwas unerledigt liegen.

Für die Chef-Eignung sollten Führungsmotivation, Handlungskompetenz, Flexibilität und Kontaktorientierung stärker, im Vergleich hier zu Empfindsamkeit und Gewissenhaftigkeit geringer ausgeprägt sein.

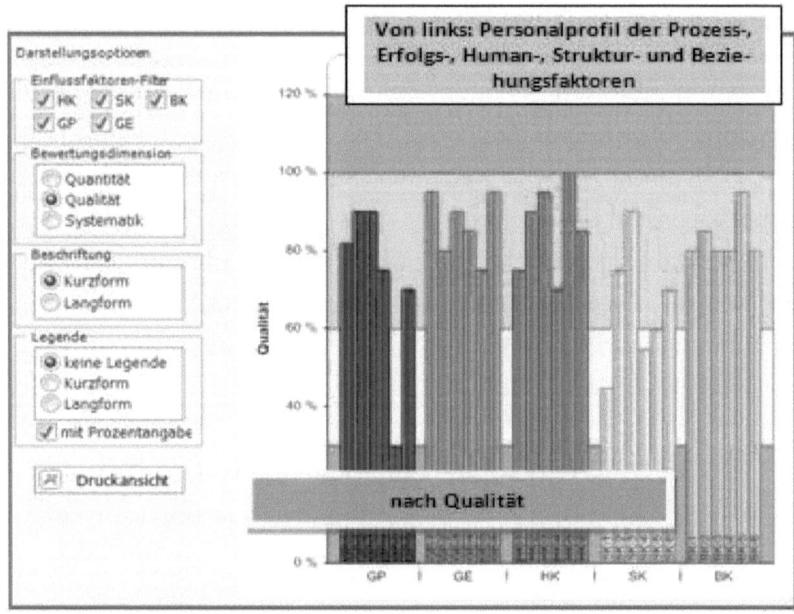

Daraus ergeben sich Konturen, die sich aufgrund ihres dahinter stehenden Informationsgehaltes zu einem aussagefähigeren Profil eines Mitarbeiters zusammenfügen lassen. Die Beteiligten könnten bereits vor einem Gespräch versuchen, ihre Ist-Bewertungen abzustimmen und möglichst Übereinstimmung zu erzielen. Von besonderem Interesse wären das Vergangene und der Ist-Zustand eigentlich eher hinsichtlich zu erwartender Auswirkungen auf die Zukunft, d.h. somit auf das umsetzbare Potential des Mitarbeiters.

Mitarbeiterbezogene Motivationspotenziale und Leistungsbremsen

Erst eine umfassende oder spezielle Mitarbeiterbefragung zeigt als detaillierte Bestandsaufnahme die vorhandenen Motivationspotenziale einerseits sowie die entscheidenden Leistungshemmnisse andererseits auf. Damit können auch zukünftige Qualifikationslücken rechtzeitig erkannt und geschlossen werden. Der Analyse der Zufriedenheit externer Kunden (Kundenzufriedenheit, Kundenbindung) entspricht die Analyse der Zufriedenheit interner Kunden (Arbeitszufriedenheit). Grundsätzlich lässt sich folgender Zusammenhang feststellen:
je höher die Arbeitszufriedenheit desto geringer die Fehlzeiten
je höher die Arbeitszufriedenheit desto geringer die Fluktuation
je höher die Arbeitszufriedenheit desto besser das Arbeitsergebnis
je höher die Arbeitszufriedenheit desto geringer die Unfallhäufigkeit
Zusammenhang zwischen Zufriedenheit und Leistung:

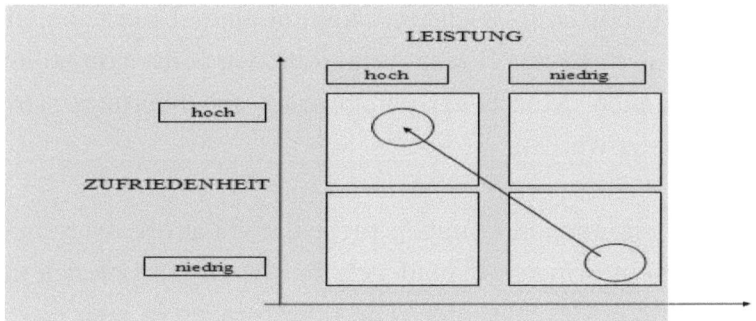

Führungsinstrument Mitarbeitergespräch: vor allem muss bei dem Hier und Heute über das Mitarbeitergespräch eine fruchtbare Saat für das Morgen ausgebracht werden. Dabei sollte versucht werden, einerseits das Fundament zu beschreiben, auf dem sich Zukunftsperspektiven für Personalfaktoren erkennen und entwickeln lassen. Andererseits sollen in dieses Bild Personal-Potentiale als Orientierungspunkte einschließlich ihrer dynamischen Wirkungsbeziehungen eingearbeitet werden:

Mitarbeitergespräche als ureigene Führungsaufgabe
Überdenken-Neuausrichtung der Personalfaktoren
Gesprächsvorbereitung des Mitarbeiterprofils
Allgemeine Fragen zum Einstieg in das Gespräch
Wirkungsbeziehungen zwischen Personalfaktoren
Ausbau zur Potentialanalyse
Wissens- und Qualifizierungsmanagement

Marktforschungsinstrument für den internen Kunden „Mitarbeiter": das Unternehmen hat nicht nur externe Kunden, sondern auch interne Kunden, nämlich seine Mitarbeiter. Ein gutes Betriebsklima gehört zum wichtigen Kapital eines Unternehmens, das allerdings in keiner Bilanz aufgeführt wird: deshalb sollten regelmäßig auch Mitarbeiterbefragungen als Führungsinstrument eingesetzt werden.

Mitarbeiterbefragungen kommen nicht nur für große Unternehmen in Betracht, sondern eignen sich für alle Organisationen mit mehr als fünfzig Beschäftigten. Die Investitionen in eine Befragungsaktion sollten ebenso sorgfältig wie im Anlage- und Umlagevermögen geplant und vorbereitet werden. Für die gesamte Aktion einer Mitarbeiterbefragung sollte eine Projektgruppe eingesetzt werden. Der Umfang eines Mitarbeiter-Fragebogens sollte ca. 60-80 Fragen nicht übersteigen, die zu rund 90 Prozent an Mitarbeiter und Führungskräfte und zu etwa 10 Prozent ausschließlich an Führungskräfte gerichtet werden sollten. Die Teilnahme an der Mitarbeiterbefragung muss auf freiwilliger Basis erfolgen. Die Anonymität muss garantiert werden. Alle Beteiligten haben ein Recht darauf, über die Ergebnisse informiert zu werden. Feedback und Aktionspläne müssen von „unten nach oben" und von „oben nach unten" laufen.

Mit den Umfragen erhält die Geschäftsleitung ein effizientes Frühwarnsystem, das ihr mögliche Problembereiche signalisiert. Die Durchführung einer Mitarbeiterbefragung, die beim Betriebsrat auf Ablehnung stößt, ist nicht empfehlenswert, weil sie sich negativ auf Beteiligung und Akzeptanz auswirken würde. Die Mitarbeiterbefragung ist somit auch ein Marktforschungsinstrument für den Kunden „Mitarbeiter", um subjektive Stimmungen in der Belegschaft aufspüren und ihnen gegensteuern zu können. Die Fragen sollten so gestellt werden, dass sie von jedem ohne Schwierigkeiten beantwortet werden können. Trotz aller positiven Veränderungsimpulse sind Mitarbeiterbefragungen aber kein Allheilmittel und können nicht die Fehler ausbessern, die möglicherweise über Jahre hin begangen wurden. Vor der eigentlichen Befragung ist noch eine entsprechende innerbetriebliche Informations- und Aufklärungsarbeit zu leisten.

Die Fragen sollten so gestellt werden, dass sie von jedem ohne Schwierigkeiten beantwortet werden können. Trotz aller positiven Veränderungsimpulse sind Mitarbeiterbefragungen aber kein Allheilmittel und können nicht die Fehler ausbessern, die möglicherweise über Jahre hin begangen wurden. Vor der eigentlichen Befragung ist noch eine entsprechende innerbetriebliche Informations- und Aufklärungsarbeit zu leisten.

Zur Verdeutlichung werden zusätzlich Verknüpfungs-Tabellen in graphische Wirkungsnetze umgesetzt:

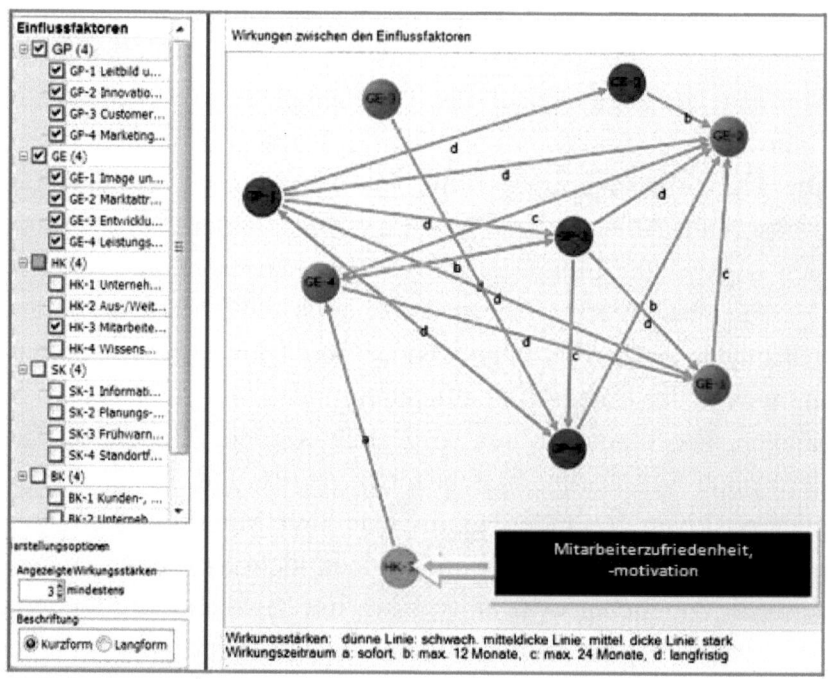

In der obigen Graphik wird die Vernetzung des Faktors „Mitarbeiterzufriedenheit, -motivation" mit den beispielhaft angenommenen Prozess- und Erfolgsfaktorenfaktoren aufgezeichnet.

Karrieremacher, die in ihrer Arbeit keinen (langfristigen) Sinn sehen, geraten beim Nachdenken darüber oft in eine Krise. Motivierend dagegen ist, wenn man seine Arbeit an langfristigen Zielen und Werten orientiert. Und, man muss auch Routine (Business as usual) akzeptieren können. Ein Tag einmal auch ohne neue Herausforderungen muss nicht gleich ein Abstellgleis der Karriere sein. Auch Standardaufgaben bedürfen ihrer Erledigung: „überhaupt kann es nicht schaden, auch im künstlichen Licht des Managerbüros zu akzeptieren, dass es natürliche Rhythmen gibt, dass nicht immer Aussaat- und Erntezeit ist". Nicht jeden Tag muss man eine weitere Stufe auf der Karriereleiter erklettern. „In vielen Branchen gehört Blenden zum Geschäft…die Frage ist allerdings, ob man nicht auf ehrliche Arbeit statt auf Effekte setzen sollte, um Renommee zu erlangen und weiterzukommen, ob also eher der Inhalt vor dem Design der Karriere kommen sollte?" Landauf, landab wird zwar gepredigt, wie ein guter Chef sein sollte. Immer sollte er für seine Mitarbeiter da sein, nie den Glauben an das Guter verlieren.

Mancher Personalforscher kommt in der Praxis allerdings zu einem eher gegenteiligen Ergebnis: „ein echter Chef sollte immer mit dem Schlimmsten rechnen und dafür die Notfallpläne in der Schublade haben, bloß niemandem zu sehr vertrauen, schließlich könnte heimlich schon an seinem Stuhl gesägt werden. Denn er ein echter Kontrollfreak ist und die nötige Portion Verfolgungswahn an den Tag legt, der hat das nötige Rüstzeug, um Karriere zu machen". „Das hohe Maß an Misstrauen anderen gegenüber und die damit einhergehende Aufmerksamkeit auf potentiell unvorteilhafte Situationen helfen paranoiden Menschen, in Unternehmen nach oben zu kommen". Paranoiker können ihre Beziehungen zu anderen so managen, dass sie möglichst wenig Angriffspunkte bieten. "Sie beobachten ihre soziale Umgebung genau und wechseln häufig, je nach Lage, die Beurteilung in Freund und Feind. Auch schafft es diese Gruppe besonderes gut, sich aus Situationen herauszuhalten, die schädlich für die Karriere sein könnten". Unter den in der heutigen Wirtschaftswelt disruptiven und somit unsicheren Bedingungen sind Paranoiker auf diese häufig besser vorbereitet, weil sie solche Szenarien in ihrer Gedankenwelt bereits vorher durchgespielt haben.

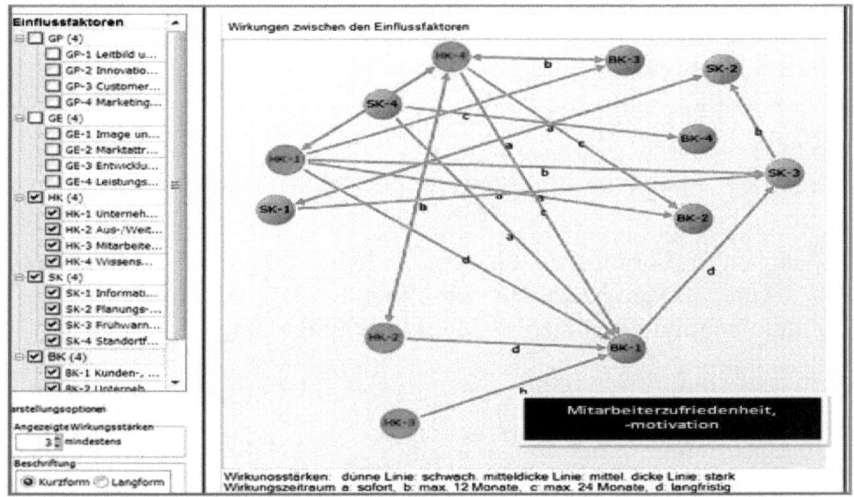

In der obigen Graphik wird die Vernetzung des Faktors „Mitarbeiterzufriedenheit, -motivation" sowohl mit den Humanfaktoren als auch mit den Struktur- und Beziehungsfaktoren aufgezeichnet. Bereits auf den ersten, flüchtigen Blick wird jetzt aber deutlich, dass seitens des fiktiven Demo-Unternehmens Verbindungen des Faktors „Mitarbeiterzufriedenheit, -motivation" entweder nicht gesehen oder aber nicht in das System aufgenommen wurden. Auch wenn alle erwähnten Demo-Beispiele nicht im Hinblick auf eine mögliche Krise entwickelt wurden, so lassen sie erkennen, dass in dem (wenn auch hier nur fiktiv angenommenen) Beispiel einer Wissensbilanz wesentliche Wirkungsbeziehungen außer acht gelassen wurden. In einer deshalb angesagten Überarbeitung der Wissensbilanz könnten daher neben dem Ansatz der Mitarbeiterbefragung vielleicht auch Überlegungen angestellt werden, die in die Richtung auf ein Frühwarn- und Risikokontrollsystem zielen könnten.

Salve, lieber HOLA-Weggefährte,
Nichts ist mehr so wie es war

wenn wir einmal die allgegenwärtige KI fragen würden......

Welchen Einfluss hat das Führungsverhalten auf Arbeitsmotivation?
Wie entscheidend ist das Betriebsklima für die Produktivität?
Zukunftsfähigkeit „weicher" Managementfaktoren?

Antworten für Sie werden generiert...

Einfluss des Führungsverhaltens auf die Arbeitsmotivation

Das Führungsverhalten hat einen erheblichen Einfluss auf die
Arbeitsmotivation der Mitarbeiter. Führungskräfte, die einen **transformationalen Führungsstil** anwenden, können ihre
Mitarbeiter inspirieren und motivieren, indem sie eine klare Vi-
sion vermitteln und hohe Erwartungen setzen[1]. Solche Führungskräfte fördern Innovation und persönliches Wachstum, was
zu einer höheren Motivation und Zufriedenheit
führt[2]. Andererseits kann ein **autokratischer Führungsstil**, der
durch strikte Kontrolle und wenig Mitbestimmung gekennzeichnet ist, die Motivation der Mitarbeiter negativ beeinflussen[2].

Bedeutung des Betriebsklimas für die Produktivität

Ein positives Betriebsklima ist entscheidend für die Produktivität eines Unternehmens. Es fördert die **Motivation, das Engagement und die Zufriedenheit** der Mitarbeiter[3]. Ein gutes Betriebsklima zeichnet sich durch respektvollen Umgang, offene
Kommunikation und ein unterstützendes Arbeitsumfeld aus[3]. Im

Gegensatz dazu kann ein negatives Betriebsklima zu Unzufriedenheit, hoher Fluktuation und letztendlich zu einer geringeren Produktivität führen[4].

Zukunftsfähigkeit „weicher" Managementfaktoren

„Weiche" Managementfaktoren wie Führungsverhalten und Betriebsklima sind zunehmend entscheidend für die Zukunftsfähigkeit von UnternehmenFuture Management betont die Bedeutung dieser Faktoren, um auf zukünftige Herausforderungen vorbereitet zu sein und Chancen frühzeitig zu erkennen[5]. Unternehmen, die in diese Bereiche investieren, können ihre Resilienz und Wettbewerbsfähigkeit stärken[5].

Welche Trends gibt es im Future Management?

Antworten für Sie werden generiert…

1. Agilität und Flexibilität

Unternehmen setzen vermehrt auf agile Methoden und flexible Arbeitsmodelle, um schnell auf Veränderungen im Markt reagieren zu können. Dies umfasst agile Projektmanagement-Methoden wie Scrum und Kanban sowie flexible Arbeitszeiten und Remote-Arbeit.

2. Digitalisierung und Künstliche Intelligenz

Die Integration von digitalen Technologien und Künstlicher Intelligenz (KI) in Geschäftsprozesse ist ein zentraler Trend. Dies ermöglicht effizientere Abläufe, datenbasierte Entscheidungen und die Automatisierung von Routineaufgaben.

3. Nachhaltigkeit und soziale Verantwortung

Nachhaltigkeit und Corporate Social Responsibility (CSR) gewinnen an Bedeutung. Unternehmen setzen auf umweltfreundliche Praktiken und soziale Verantwortung, um nicht nur gesetzliche Anforderungen zu erfüllen, sondern auch das Vertrauen und die Loyalität der Kunden zu stärken.

4. Mitarbeiterzentrierung

Ein weiterer wichtiger Trend ist die Fokussierung auf die Bedürfnisse und das Wohlbefinden der Mitarbeiter. Dies umfasst Maßnahmen zur Förderung der Work-Life-Balance, Gesundheitsprogramme und die Schaffung eines positiven Arbeitsumfelds.

5. Lifelong Learning und Weiterbildung

Die kontinuierliche Weiterbildung der Mitarbeiter wird immer wichtiger. Unternehmen investieren in Schulungsprogramme und fördern eine Kultur des lebenslangen Lernens, um sicherzustellen, dass ihre Mitarbeiter stets über die neuesten Fähigkeiten und Kenntnisse verfügen.

6. Diversity und Inklusion

Vielfalt und Inklusion sind zentrale Themen im Future Management. Unternehmen erkennen zunehmend den Wert vielfältiger Teams und setzen sich aktiv für eine inklusive Unternehmenskultur ein.

7. Kollaborative Technologien

Die Nutzung von kollaborativen Technologien wie Cloud-Computing, Videokonferenzen und digitalen Plattformen erleichtert die Zusammenarbeit und Kommunikation, insbesondere in global verteilten Teams.

Welche Rolle spielt KI im Future Management?

Antworten für Sie werden generiert…

Künstliche Intelligenz (KI) spielt eine zentrale Rolle im Future Management und beeinflusst verschiedene Aspekte der Unternehmensführung und -entwicklung. Hier sind einige der wichtigsten Bereiche, in denen KI eine bedeutende Rolle spielt:

1. Automatisierung von Prozessen

KI ermöglicht die Automatisierung von Routineaufgaben und Prozessen, was zu einer erheblichen Effizienzsteigerung führt. Dies umfasst Bereiche wie Datenverarbeitung, Kundenservice (z.B. Chatbots) und Supply-Chain-Management.

2. Datenanalyse und Entscheidungsfindung

Durch die Analyse großer Datenmengen kann KI wertvolle Einblicke und Prognosen liefern, die Unternehmen bei der strategischen Entscheidungsfindung unterstützen. Predictive Analytics und Machine Learning helfen dabei, Trends zu erkennen und fundierte Entscheidungen zu treffen.

3. Personalisierung und Kundenerfahrung

KI wird genutzt, um personalisierte Kundenerlebnisse zu schaffen. Durch die Analyse von Kundenverhalten und -präferenzen können Unternehmen maßgeschneiderte Angebote und Dienstleistungen entwickeln, die die Kundenzufriedenheit und -bindung erhöhen.

4. Innovationsförderung

KI kann als Katalysator für Innovationen dienen, indem sie neue Geschäftsmodelle und Produkte ermöglicht. Unternehmen nutzen KI, um Forschung und Entwicklung zu beschleunigen und innovative Lösungen zu entwickeln.

5. Risikomanagement

KI hilft Unternehmen, Risiken besser zu managen, indem sie potenzielle Bedrohungen frühzeitig erkennt und entsprechende Maßnahmen vorschlägt. Dies ist besonders im Finanzsektor und im Bereich der Cybersicherheit von Bedeutung.

6. Talentmanagement

Im Bereich des Human Resource Managements unterstützt KI bei der Rekrutierung, Mitarbeiterentwicklung und -bindung. KI-basierte Tools können beispielsweise Bewerbungen analysieren und die besten Kandidaten identifizieren oder personalisierte Weiterbildungsprogramme vorschlagen.

7. Nachhaltigkeit

KI trägt zur Nachhaltigkeit bei, indem sie Unternehmen hilft, Ressourcen effizienter zu nutzen und umweltfreundlichere Praktiken zu implementieren. Beispielsweise können KI-Systeme den Energieverbrauch optimieren oder den Abfall reduzieren.

KI Ende

Ohne ein Roboter zu sein, könnte man als Mensch vielleicht meinen:

Fiktive Dialoge - ein paar Stunden Intensivcoaching
Denkanstöße
Wissensmanagement
Storytelling
Content
Inspiration

Diskurs
DecisionSupport
Gehirntraining - wenn es gut werden soll
Verstehen lernen
Vernetzt denken
Potenziale ausschöpfen
Komplexität reduzieren
Gestaltbar machen
Wissen transferieren
Proaktiv agieren

Executive Coaching
Denkstudio für strategisches Wissensmanagement

Kommunikationsdefizit zwischen Selbst- und Fremdbild

Immer hat gerade das Führungsverhalten entscheidenden Einfluss auf das Betriebsklima und damit auf die Arbeitsmotivation. Die Selbsteinschätzung der Vorgesetzten und ihre Bewertung durch die Mitarbeiter driften aber oft deutlich auseinander. Viele Befragungen legen offen, dass Manager ihren Führungsstil oft völlig anders einschätzen und gerne in einem zu günstigen Licht darstellen wollen. Der hohen Diskrepanz zwischen Selbstbild und Fremdbild liegt ein Kommunikationsdefizit zugrunde, das mit Hilfe von Mitarbeiterbefragungen abgebaut werden kann.

Dem Betriebsklima auf die Spur kommen: Kundenorientierung wird für das Unternehmen immer mehr zum zentralen Strategiethema. Das Unternehmen hat aber nicht nur externe Kunden, sondern auch interne Kunden, nämlich die Unternehmensleitung, Mitarbeitervertreter/innen, Führungskräfte und Mitarbeiter. Diese internen Kunden haben ähnliche Eigenschaften und Bedürfnisse wie die externen Kunden. Unzufriedene Mitarbeiter erhöhen die Fluktuation und Fehlzeiten: die Leistungsträger wandern ab. Mitarbeiter, die mit Verve und Freude bei der Sache sind, leisten wesentlich bessere Arbeit. Ein gutes Betriebsklima gehört zum wichtigen Kapital eines Unternehmens, das allerdings in keiner Bilanz aufgeführt wird. Wichtige Fragestellungen, um dem Betriebsklima auf die Spur zu kommen, sind:

Kooperation: Wird Ihr Team von Spannungen und Misstrauen behindert oder durch gegenseitige Hilfsbereitschaft gestärkt?

Führungsstil: Begegnen Sie Ihren Mitarbeitern als Partner oder als Despot?

Freiräume: Schnürt ein dichtes Netz von Arbeitsrichtlinien jede Eigeninitiative ab oder werden Kompetenzen delegiert?

Entgelt- und Anreizsysteme: Ist Ihre Entgeltstruktur so beschaffen, dass man sich möglichst fair bezahlt fühlt? Oder klaffen die Gehaltsspannen unverhältnismäßig weit auseinander?

Karriere: Gibt es eine vernünftige Personalentwicklung oder bleibt der Aufstieg dem Zufall überlassen?

Organisation: Werden Jobrotation, Gruppenarbeit oder Job Enrichment praktiziert oder versauern Mitarbeiter an ein und demselben Arbeitsplatz?

Allgemeine Fragen zum Einstieg in das Gespräch:

	DAS UNTERNEHMEN		
	Wie zufrieden sind Sie zur Zeit insgesamt bei unserer Firma?		
1.	Sehr zufrieden		
2.	Zufrieden		
3.	Weder zufrieden noch unzufrieden		
4.	Unzufrieden		
5.	Sehr unzufrieden		
	ARBEIT UND BERUFLICHE ANFORDERUNGEN		
	Wie gefällt Ihnen Ihre Arbeit – die Art der Arbeit, die Sie ausführen?		
1.	Sehr gut		
2.	Gut		
3.	Mittelmäßig		
4.	Schlecht		
5.	Sehr schlecht		
	ARBEIT UND BERUFLICHE ANFORDERUNGEN		
	Ihre Ansicht über den Arbeitsumfang, den Sie zu bewältigen haben?		
1.	Bei weitem zu groß		
2.	Zu groß		
3.	In ungefähr richtig		
4.	Ich würde vorziehen, mehr zu tun		
5.	Ich bin überhaupt nicht ausgelastet		

Entscheidungskompetenz und intellektuelle Anstrengung

Marktwissen und Fachkenntnis müssen in einem schnelllebigen Marktumfeld mit kompetenten Analysen unterstützt werden können. Denn nur dies ermöglicht: strategische Entscheidungen auf Basis aktueller und maßgeschneideter Informationen treffen zu können. Datenanalyse und individualisierte Informationsgenerierung spielen eine immer bedeutsamere Rolle: die flexible Generierungsmöglichkeit für entscheidungsrelevante Ergebnisinformationen sind ein immer wichtigerer Bestandteil erfolgreichen Handelns. Die besten Analysen verlieren jedoch an Wert, wenn ihre Aussagen nicht umgesetzt werden können. Dazu müssen:

Daten aus verschiedenen Quellen zusammengeführt und angepasst werden,

mit diesen Daten situationsspezifische Berichte generiert werden,

vertiefte statistische Analysen erstellt werden,

Reports, Analysen auch aktuell mit externen Zusatzinformationen angereichert werden.

Die Bildung und Auswertung von Kennzahlen setzt zunächst voraus, dass man sich der Grenzen ihrer Aussagefähigkeit bewusst ist. So darf nicht übersehen werden, dass Kennzahlen in ihrer mathematischen Formalisierung oft statisch sind und die Dynamik ablaufender Prozesse nicht immer genau zeitnah abbilden. Nicht aus dem Auge verloren werden sollte, dass vergangenheitsbezogene Kennzahlen nur bedingte Aussagen über die Gegenwart und noch weniger Aussagen über die Zukunft zulassen, statische Kennzahlen nur stichtagbezogene Situationen widerspiegeln und damit nicht Bewegungsabläufe über Zeiträume erfassen können. Kennzahlen dürfen nicht isoliert interpretiert werden, sondern müssen sich einer bestimmten Systematik zuordnen lassen.

Integrierte Kennzahlensysteme sind immer Mittel-Zweck-Beziehungen, die aus einem übergeordneten Zielsystem abzuleiten sind. Das wichtigste Element der Kennzahl bleibt ihr Informationscharakter, um auch komplizierte Tatbestände in konzentrierter Form quantifizieren zu können. Die rechnerische Kennzahlenzerlegung wird erst dann fruchtbringend, wenn sie zu Kennzahlenbündeln führt, die vorhandene Informationen sinnvoll ordnen. Kennzahlenbündel haben die Aufgabe, die Spitzenkennzahl des Systems analytisch bezüglich der sie dimensionierenden Einflussgrößen zu erklären. Zum Wesen eines Kennzahlensystems gehört daher die Beantwortung der Fragen nach Verhältnismäßigkeit (durch Kennzahlenvergleich) und Ursächlichkeit (durch Kennzahlenzerlegung). Entscheidend ist, dass man nicht einer Kennzahlengläubigkeit verfällt und ihnen nicht bei allen Entscheidungen nur noch sklavisch folgt

Führungskompetenz bemisst sich nicht allein nach Umsatz und Gewinn, die Kompetenz eines Trainers nicht allein nach dem Tabellenstand seiner Mannschaft. Nur allzu leicht werden qualitative Aspekte als irrelevant ausgeklammert, da man sie nicht in einem Zahlengerüst bis auf die Nachkommastelle genau quantifizieren kann. Gerade bei komplizierten Sachverhalten und Entscheidungssituationen kommt es manchmal auf diese qualitativen Aspekte an. Werden bei der Entwicklung von immer ausgefeilteren Kennzahlen bei dem Wunsch nach Komplexitätsreduktion diese qualitativen Unwägbarkeiten ausgeblendet werden, können Entscheidungen in die Irre führen.

Entscheidungen haben eben oft ein schwierigeres Umfeld als ein Cockpit mit grünen, gelben und roten Lämpchen. Es ist ein Zeichen guter Entscheider, dass sie sich zwar der immer raffinierteren Kennzahlentools zu bedienen wissen, neben allen Zahlen und Daten aber trotzdem ein hohes Maß qualitativer Komponenten einbeziehen. Intellektuelle Anstrengung und Kompetenz bedeuten, alle Elemente, d.h. auch und gerade die nicht quantifizierbaren, in Entscheidungen einfließen zu lassen. Bauchentscheidungen und Kennzahlenentscheidungen sind keine sich ausschließenden sondern sich ergänzende Erfolgselemente.

	ARBEIT UND BERUFLICHE ANFORDERUNGEN		
	Haben Sie ausreichende Handlungs- und Entscheidungsspielräume?		
1.	Immer		
2.	Meistens		
3.	Angemessen		
4.	Selten		
5.	Nie		

	ARBEIT UND BERUFLICHE ANFORDERUNGEN		
	Halten Sie die Ihnen übertragene Verantwortung für angemessen?		
1.	möchte viel mehr Verantwortung		
2.	möchte mehr Verantwortung tragen		
3.	möchte wie bisher Verantwortung		
4.	möchte weniger Verantwortung		
5.	möchte wesentlich weniger		

	GEHALT UND NEBENLEISTUNGEN		
	Wie beurteilen Sie Ihr Einkommen unter Berücksichtigung Ihrer Pflichten und Verantwortlichkeiten?		
1.	Sehr gut		
2.	Gut		
3.	Durchschnittlich		
4.	Schlecht		
5.	Sehr Schlecht		

„Weiche" Faktoren und ihre Managementzukunft

Nach der Kernfrage Nr. 1 „Was kann ich?" werden unter dem Gesichtspunkt der Marktorientierung zusätzlich die Kernfragen

Nr. 2 und Nr. 3 in den Mittelpunkt gerückt: *Wer bin ich? Was will ich?* Eine Antwort auf diese Fragen gestaltet sich manchmal schwierig. Anhaltspunkte hierfür können beispielsweise auch Referenzen liefern, sofern sie nicht nur aus reiner Gefälligkeit bescheinigt wurden. Zweites Informationsmittel in diesem Fragenkomplex wäre dann der Lebenslauf. Hintergrund der beiden Fragen ist jedenfalls die Gewissheit, dass die Person eines Bewerbers mehr ausmacht als Noten in Ausbildungszeugnissen und standardmäßig aufpolierte Formulierungen in Arbeitszeugnissen. Hier kommen die manchmal milde belächelten sogenannten „weichen" Faktoren ins Spiel. So besteht in der Wirtschaftspraxis weitgehend Einigkeit darüber, dass die Managementfragen bezüglich der klassischen Produktionsfaktoren weitgehend ausgereizt sind. Anders beim Intellektuellen Kapital, d.h. den „weichen" selten oder überhaupt nicht gemessenen Faktoren: hier liegt die Managementzukunft noch vor uns. Diese Annahmen dürften ebenso auf Verfahren zutreffen, die in einem Zusammenhang mit Bewerbungen und Stellenbesetzungen stehen.

	LEISTUNGSBEURTEILUNG – BERUFLICHES FORTKOMMEN		
	Sind Sie zufrieden mit ihrer letzten Leistungsbeurteilung		
1.	Sehr zufrieden		
2.	Zufrieden		
3.	Weder zufrieden noch unzufrieden		
4.	Unzufrieden		
5.	Sehr unzufrieden		
6.	Hat überhaupt nicht stattgefunden		
	LEISTUNGSBEURTEILUNG – BERUFLICHES FORTKOMMEN		
	Sind Sie der Ansicht, dass Sie in Ihrer letzten Leistungsbeurteilung korrekt und richtig beurteilt wurden?		
1.	Ja, voll und ganz		
2.	Ich bin zufrieden		
3.	Weder zufrieden noch unzufrieden		
4.	Nein		
5.	Nein, vollkommen falsch		
	LEISTUNGSBEURTEILUNG – BERUFLICHES FORTKOMMEN		
	Sind Sie mit Ihren Möglichkeiten, sich beruflich weiter zu entwickeln, zufrieden?		
1.	Ja, voll und ganz		
2.	Ich bin zufrieden		
3.	Weder zufrieden noch unzufrieden		

Gehirn aus Kunststoff und Silizium: der Supercomputer Watson von IBM ist einer der leistungsstärksten in der Welt. Er als sogenanntes kognitives System zählt zu dem Schlauesten, was Ingenieure je geschaffen haben. Ein Gehirn aus Kunststoff und Silizium mit (enorm hoher) künstlicher Intelligenz: dank ausgefeilter Technik kann es binnen eines Wimpernschlages Milliarden von Daten ordnen und analysieren, kann lesen, sprechen und schreiben. Die Maschine „kann Texte analysieren, Zusammenfassungen von Diskussionen und Debatten erstellen, die Arbeit ganzer Fabriken organisieren, Erbgut entschlüsseln." „Die Fabrik der Zukunft wird ein riesengroßer Computer sein. Alles ist mit allem vernetzt, Maschine spricht mit Maschine und Produkte sind nach den Wünschen der Kunden quasi maßgeschneidert." Schon heute im Einsatz befindliche Roboter können „eine Stecknadel vom Boden aufheben und auf den Tausendstel Millimeter genau eine Schweißnaht ziehen". KI-Systeme können Millionen Berechnungen gleichzeitig machen, ihre Arbeit ständig evaluieren und in anstehenden Lösungen neuer Aufgaben mit verwerten. Kunsthirne aus hunderttausenden von Chips reagieren wie die Neuronen eines Gehirns, geben sich Signale, werden wie von Geisterhand aktiv. „So werden in den Steuerungs- und Schaltzentralen der Maschinen riesige Datensätze aufgebaut, die ganze Bibliotheken füllen würden und mit deren Hilfe sich die Systeme selbst korrigieren". Sozioökonomische Daten (Haushaltseinkommen, Bildungsabschlüsse u.a.) zu erheben, war im analogen Zeitalter ein äußerst aufwändiges Unterfangen ‚(Stichproben nehmen, Befragungen durchführen, Daten auswerten). Statt an Türen zu klopfen oder Bürger telefonisch zu interviewen haben Wissenschaftler stattdessen ein neuronales Netzwerk beispielsweise mit fünfzig Millionen Fotos aus Google Street View gefüttert. Ein Algorithmus analysierte die fotografierten Fahrzeuge als Bestimmungsmerkmal für den sozioökonomischen Status des Eigentümers (Fahrers) und stellte eine Zusammenhang mit Alter, Beruf, Familienstand, Hobbys, privaten Vorlieben her. Die Forscher waren sich sogar sicher, für ein bestimmtes Gebiet die Wahlabsichten aus den automatisch erfassten Fahrzeugen herleiten zu können.

	LEISTUNGSBEURTEILUNG – BERUFLICHES FORTKOMMEN			
	Wie wurden Ihre Zielsetzungen für das laufende Jahr festgelegt ?			
1.	Sie wurden gemeinsam von mir und dem mich beurteilenden Vorgesetzten erarbeitet			
2.	Sie wurden vom beurteilenden Vorgesetzten erstellt, jedoch mit mir besprochen und ich erhielt Gelegenheit, Änderungsvorschläge zu machen			
3.	Sie wurden festgelegt und erklärt. Danach erhielt ich Gelegenheit, Fragen zu stellen.			
4.	Sie wurden vom beurteilenden Vorgesetzten festgelegt. Ich erhielt weder Gelegenheit Fragen zu stellen, noch einen Kommentar abzugeben.			
5.	Für das laufende Jahr wurden für mich keine Ziele festgelegt			
	UNTERNEHMENSZIELE			
	In welchem Umfang werden Ihnen die Vorstellungen und Ziele unserer Firma transparent gemacht ?			
1.	In sehr großem Umfang			
2.	In beachtlichem Umfang			
3.	In gewissem Umfang			
4.	In geringem Umfang			
5.	Überhaupt nicht			
	Wie wichtig sind für Sie Fortbildungsmöglichkeiten, um Ihre Fähigkeiten zu verbessern oder neue Kenntnisse zu erwerben?			
1.	Von äußerster Wichtigkeit			
2.	Sehr wichtig			
3.	Wichtig in gewissem Umfang			
4.	Kaum bedeutend			
5.	Unwichtig			

Salve, lieber HOLA-Weggefährte,
Nichts ist mehr so wie es war

wenn wir einmal die allgegenwärtige KI fragen würden……

Ist Wissen ein zusätzlicher Produktionsfaktor?
Wie kann man zirkulierende Informationen bewerten?
Welchem Wandel unterliegt das Verhältnis Arbeitgeber zu Arbeitnehmer?

Antworten für Sie werden generiert…
:
Ist Wissen ein zusätzlicher Produktionsfaktor?
Ja, Wissen wird zunehmend als zusätzlicher Produktionsfaktor anerkannt. Neben den klassischen Produktionsfaktoren Arbeit, Boden und Kapital, hat Wissen in den letzten Jahrzehnten an Bedeutung gewonnen. Es wird oft als dispositiver Faktor betrachtet, der die anderen Produktionsfaktoren durch Planung, Leitung und Organisation optimal kombiniert[12]. Wissen kann die Produktivität erheblich steigern und ist besonders in wissensintensiven Branchen unverzichtbar[3].

Wie kann man zirkulierende Informationen bewerten?
Zirkulierende Informationen können durch verschiedene Methoden bewertet werden:

1. **Quelle und Glaubwürdigkeit**: Überprüfen Sie die Herkunft der Information und die Glaubwürdigkeit der Quelle.

2. **Relevanz und Aktualität**: Stellen Sie sicher, dass die Information relevant und aktuell ist.
3. **Konsistenz und Genauigkeit**: Vergleichen Sie die Information mit anderen Quellen, um ihre Konsistenz und Genauigkeit zu überprüfen.
4. **Kontext und Zweck**: Berücksichtigen Sie den Kontext, in dem die Information bereitgestellt wird, und den Zweck, den sie erfüllen soll[45].

Welchem Wandel unterliegt das Verhältnis Arbeitgeber zu Arbeitnehmer?

Das Verhältnis zwischen Arbeitgebern und Arbeitnehmern hat sich in den letzten Jahren erheblich gewandelt. Einige der wichtigsten Veränderungen sind:

1. **Flexibilität**: Arbeitgeber bieten zunehmend flexible Arbeitsmodelle an, wie z.B. Homeoffice und flexible Arbeitszeiten, um die Work-Life-Balance der Mitarbeiter zu verbessern[6].
2. **Gemeinsame Ziele**: Es wird mehr Wert auf gemeinsame Ziele und Werte gelegt, um die Bindung und das Engagement der Mitarbeiter zu stärken[6].
3. **Technologischer Wandel**: Die Digitalisierung und Automatisierung haben die Arbeitswelt verändert, was neue Fähigkeiten und kontinuierliches Lernen erforderlich macht[7].
4. **Atypische Beschäftigungsverhältnisse**: Es gibt einen Anstieg an atypischen Beschäftigungsverhältnissen, wie Teilzeit- und Zeitarbeit, die sowohl Chancen als auch Herausforderungen mit sich bringen[8].

Erzähle mir mehr über die Rolle von Wissen in der modernen Wirtschaft.

Antworten für Sie werden generiert…

Wissen spielt eine zentrale Rolle in der modernen Wirtschaft und wird oft als entscheidender Wettbewerbsfaktor betrachtet. Hier sind einige wichtige Aspekte:

1. Innovation und Wettbewerbsfähigkeit

Wissen ist der Motor für Innovation. Unternehmen, die über umfangreiches Wissen und Know-how verfügen, können neue Produkte und Dienstleistungen entwickeln, die ihnen einen Wettbewerbsvorteil verschaffen. Forschung und Entwicklung (F&E) sind dabei entscheidende Bereiche, in denen Wissen angewendet wird, um technologische Fortschritte zu erzielen.

2. Wissensmanagement

Effektives Wissensmanagement ist entscheidend, um das vorhandene Wissen innerhalb einer Organisation zu erfassen, zu speichern und zu teilen. Dies umfasst sowohl explizites Wissen (dokumentiertes Wissen) als auch implizites Wissen (Erfahrungswissen). Tools wie Wissensdatenbanken, Intranets und Kollaborationsplattformen spielen hierbei eine wichtige Rolle.

3. Mitarbeiterqualifikation und Weiterbildung

In einer wissensbasierten Wirtschaft sind gut ausgebildete und kontinuierlich weitergebildete Mitarbeiter ein wertvolles Kapital. Unternehmen investieren zunehmend in die Weiterbildung ihrer Mitarbeiter, um sicherzustellen, dass sie über die neuesten Kenntnisse und Fähigkeiten verfügen, die für ihre Aufgaben erforderlich sind.

4. Digitalisierung und Big Data

Die Digitalisierung hat die Art und Weise, wie Wissen generiert, verarbeitet und genutzt wird, revolutioniert. Big Data und Datenanalyse ermöglichen es Unternehmen, große Mengen an Informationen zu sammeln und zu analysieren, um fundierte Entscheidungen zu treffen und Geschäftsprozesse zu optimieren.

5. Netzwerke und Zusammenarbeit

Wissen wird nicht nur innerhalb eines Unternehmens, sondern auch durch Netzwerke und Zusammenarbeit mit anderen Organisationen, Universitäten und Forschungseinrichtungen generiert und geteilt. Diese Kooperationen fördern den Wissensaustausch und tragen zur Innovationskraft bei.

6. Kundenzentrierung

Durch das Verständnis der Bedürfnisse und Präferenzen der Kunden können Unternehmen maßgeschneiderte Lösungen anbieten. Wissen über den Markt und die Kunden ist daher entscheidend für den Geschäftserfolg.

7. Nachhaltigkeit

Wissen spielt auch eine wichtige Rolle bei der Entwicklung nachhaltiger Geschäftsmodelle. Unternehmen nutzen Wissen, um umweltfreundliche Technologien und Prozesse zu entwickeln, die Ressourcen schonen und die Umweltbelastung reduzieren.

Insgesamt ist Wissen in der modernen Wirtschaft ein unverzichtbarer Faktor, der die Effizienz, Innovationskraft und Wettbewerbsfähigkeit von Unternehmen maßgeblich beeinflusst.

Wie können Unternehmen Wissen effektiv verwalten?

Antworten für Sie werden generiert...

Unternehmen können Wissen effektiv verwalten, indem sie systematische Ansätze und Technologien einsetzen, um Wissen zu erfassen, zu speichern, zu teilen und zu nutzen. Hier sind einige bewährte Methoden:

1. Wissensmanagementsysteme (KMS)

Implementieren Sie spezialisierte Softwarelösungen, die das Erfassen, Speichern und Abrufen von Wissen erleichtern. Diese Systeme können Dokumentenmanagement, Datenbanken und Kollaborationsplattformen umfassen.

2. Wissenskultur fördern

Schaffen Sie eine Unternehmenskultur, die den Austausch und die Weitergabe von Wissen fördert. Dies kann durch Anreize, Schulungen und die Förderung von Teamarbeit erreicht werden.

3. Wissensdatenbanken

Erstellen Sie zentrale Wissensdatenbanken, in denen wichtige Informationen und Best Practices gespeichert werden. Diese Datenbanken sollten leicht zugänglich und durchsuchbar sein.

4. Mitarbeiterschulungen und Weiterbildung

Investieren Sie in die kontinuierliche Weiterbildung Ihrer Mitarbeiter. Schulungen, Workshops und E-Learning-Plattformen helfen dabei, das Wissen der Mitarbeiter auf dem neuesten Stand zu halten.

5. Mentoring und Coaching

Fördern Sie Mentoring- und Coaching-Programme, bei denen erfahrene Mitarbeiter ihr Wissen an weniger erfahrene Kollegen weitergeben. Dies unterstützt den Wissenstransfer und die persönliche Entwicklung.

6. Kommunikationsplattformen

Nutzen Sie Kommunikationsplattformen wie Intranets, Foren und soziale Netzwerke, um den Austausch von Wissen und Ideen zu erleichtern. Diese Plattformen ermöglichen es Mitarbeitern, Fragen zu stellen und Antworten zu teilen.

7. Dokumentation und Standardisierung

Stellen Sie sicher, dass Prozesse und Verfahren gut dokumentiert und standardisiert sind. Dies erleichtert das Verständnis und die Replikation bewährter Praktiken.

8. Wissenslandkarten

Erstellen Sie Wissenslandkarten, die die Verteilung von Wissen innerhalb der Organisation visualisieren. Diese Karten helfen dabei, Wissenslücken zu identifizieren und gezielt zu schließen.

9. Feedback-Mechanismen

Implementieren Sie Feedback-Mechanismen, um kontinuierlich Verbesserungsvorschläge und neue Ideen zu sammeln. Dies kann durch regelmäßige Umfragen, Meetings und Feedback-Tools erfolgen.

10. Technologische Unterstützung

Nutzen Sie moderne Technologien wie künstliche Intelligenz und maschinelles Lernen, um Wissen zu analysieren und Muster zu erkennen. Diese Technologien können helfen, Wissen effizienter zu verwalten und zu nutzen.

Durch die Kombination dieser Methoden können Unternehmen sicherstellen, dass Wissen effektiv verwaltet und genutzt wird, um die Produktivität zu steigern und die Innovationskraft zu fördern.

KI Ende

Ohne ein Roboter zu sein, könnte man als Mensch vielleicht meinen:

Fiktive Dialoge - ein paar Stunden Intensivcoaching
Denkanstöße
Wissensmanagement
Storytelling
Content
Inspiration
Diskurs
DecisionSupport
Gehirntraining - wenn es gut werden soll
Verstehen lernen
Vernetzt denken

Potenziale ausschöpfen
Komplexität reduzieren
Gestaltbar machen
Wissen transferieren
Proaktiv agieren

Executive Coaching
Denkstudio für strategisches Wissensmanagement

Wissen ist nicht nur irgendein Produktionsfaktor

Ein plan- und zielloser Umgang mit Wissen und Fähigkeiten von Mitarbeitern würde Ressourcen vergeuden und zur Demotivation führen. Der Unternehmenserfolg hängt auch davon ab, wie effizient Unternehmen ihren Rohstoff Wissen nutzen können. Die Organisation von gespeichertem Wissen ist die Basis für Innovationen aller Art. Server, Datenautobahnen und Datenbanken ermöglichen den permanenten Zugriff auf Informationen. Informationen alleine haben weder einen besonderen Wert, noch einen Zweck an sich. Sie dienen lediglich als Mittel der Wissenserweiterung. Gleichzeitig aber muss dieses Wissen archiviert und nachvollziehbar kategorisiert werden.

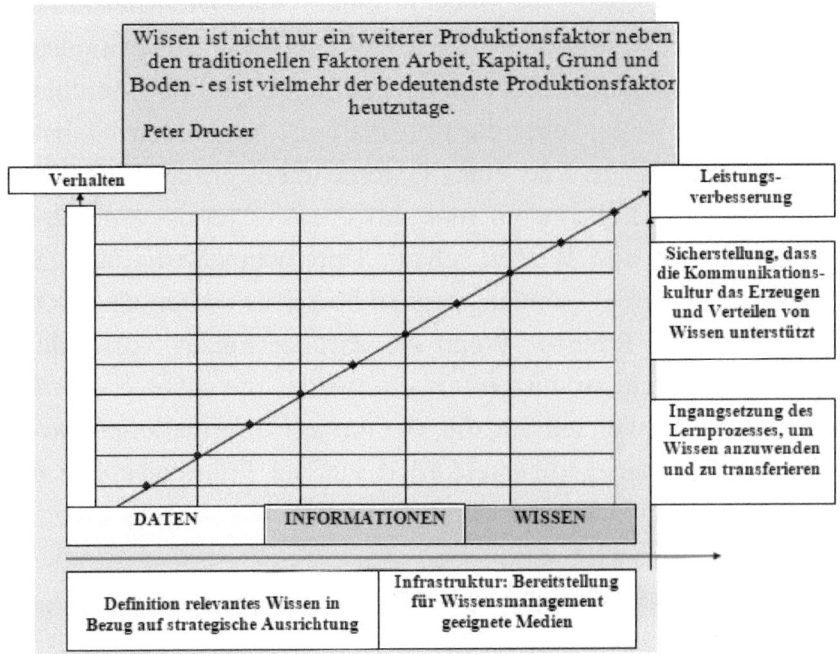

Wissen ist nicht nur ein weiterer Produktionsfaktor neben den traditionellen Faktoren Arbeit, Kapital, Grund und Boden - es ist vielmehr der bedeutendste Produktionsfaktor heutzutage.
Peter Drucker

Kommunikationsnetzwerke und Unternehmensgedächtnis: auch das Personalmanagement unterliegt einem dynamischen Wandel und Anpassungsdruck: insbesondere der Umgang mit Wissen als Ressource wird für die Zukunft immer mehr zum entscheidenden Erfolgsfaktor, d.h. die Wettbewerbsfähigkeit eines Unternehmens wird vom bewussten und gezielten Umgang mit diesem immateriellen Rohstoff abhängen. Wissen manifestiert sich sowohl in internen Kommunikationsnetzwerken, dem „Unternehmensgedächtnis", als auch im Verbund mit externen Kooperationspartnern. Es wird immer mehr darauf ankommen, dass man wissensgestützte Produkte und Dienstleistungen nutzt, denn der Marktwert heutiger Produkte und Dienstleistungen basiert zu einem immer größeren Teil auf deren Informationsgehalt. Dabei werden verschiedene Entwicklungsstufen durchlaufen: von der Daten- über die Informations- bis hin zur höchsten Wissensstufe. Den Wert eines Unternehmens ermittelt man immer mehr dadurch, indem man auf das Verhältnis von Daten, Informationen und Wissen schaut. Unternehmen, die sich „informationalisieren" können, werden besser da stehen als solche, die dies nicht können. Wenn sie darüber hinaus vorhandene Wissensbestände zu nutzen wissen, werden sie sogar noch stärker und wertvoller sein als die, die nur auf Informationen basieren. Wissensmanagement erfordert auf der Führungsebene die Bewertung von zirkulierenden Informationen.

	AUS- UND WEITERBILDUNG		
	Hindert Sie etwas daran, die Weiterbildungsmöglichkeiten und –angebote zu nutzen?		
1.	Nein, ich nutze sie bereits genügend		
2.	Nein, ich möchte sie auch nicht stärker nutzen		
3.	Nein, aber ich wünsche mir mehr Angebote außerhalb der Arbeitszeit		
4.	Angebot entspricht nicht meinem persönlichen Weiterbildungsbedarf		
5.	Es nutzt mir bei meiner Arbeit nicht viel		
6.	Meine Arbeit lässt mir nicht genügend Zeit		
7.	Nein, dann bleibt zu wenig Zeit für mein Familien-/Privatleben		
8.	Ich bilde mich anderweitig weiter		
9.	Das Bildungsangebot müsste für mich zeitlich flexibler sein		
10.	Mein Vorgesetzter stellt mich nicht frei		
11.	Ich habe das Gefühl Seminarbesuche werden nicht so gerne gesehen		
12.	Ich bin bereits ausreichend ausgebildet		

Vertikale und horizontale Loyalität

Verhältnis Arbeitgeber – Arbeitnehmer im Wandel – Bewerber wie er wirklich ist, wofür er steht und was ihn antreibt – Verteilte Informationshoheit. Die Regeln ändern sich: die früher vertikale Loyalität zwischen Arbeitsgeber und Arbeitnehmer (du darfst bei mir arbeiten, wenn du loyal bist) geht weiter über in eine mehr horizontale Loyalität zwischen Arbeitnehmern selbst (Bildung von Netzwerken). Die Arbeitswelt wird immer differenzierter und kreiert neue Modelle der menschlichen Zusammenarbeit.

Dahinter stehen ganze Gesellschaften verändernde Tendenzen wie Digitalisierung oder Wertewandel (in dem sich Menschen öfter und radikaler die Sinnfrage stellen). Wenn sich Erwartungen und Ansprüche ändern, die von Mitarbeitern an ihren Arbeitgeber gestellt werden, muss auch dieser sich ändern, müssen sich Führungskompetenzen anpassen. Manager müssen ihren Mitarbeitern einen Grund (außer Geld) geben, warum sie morgens aufstehen und zur Arbeit kommen sollen. Sonst sind sie nicht attraktive für innovative Köpfe. Manche Unternehmen sind weiter als andere, weil deren Mitarbeiter ihre Ansprüche früher eingefordert haben. Oder einfach auch deshalb, weil diese Arbeitgeber in schnelleren Märkten unterwegs und so dem Druck zur schnellen Veränderung direkter ausgesetzt sind.

Die Veränderungen der Arbeitswelt haben ebenso dynamische Auswirkungen auf Personalauswahl und Bewerbungen. Die Inhalte von Lebensläufen ändern sich und damit auch die Verfahren, wie man mit ihnen umgeht. Statt standardmäßig aus dem Drucker herausgezogener Bewerbungspapiere steht mehr die Persönlichkeit des Bewerbers im Vordergrund. Bewerbungsunterlagen müssen heute neben den beruflichen Stationen auch den Bewerber selbst als Person zeichnen: wie er wirklich ist, wofür er steht und was ihn antreibt. Auf der einen Seite also muss sich der Bewerber öffnen und auch persönliche (ehemals eher als privat eingeordneten) Informationen zu sich preisgeben. Auf der anderen Seite aber verfügt auch ein Bewerber seinerseits im Gegenzug über heute ungleich mehr Möglichkeiten, seinen zukünftigen Arbeitgeber genau kennenzulernen und auf viele Merkmale hin zu durchleuchten: in der digitalen Welt gehört die einstige Informationshoheit eines Arbeitgebers der Vergangenheit an.

Wissensmanagement ist Chefsache: dass Wissen oft ungenutzt im Unternehmen liegt wird u.a. durch eine Studie vom Stuttgarter Fraunhofer-Institut für Arbeitswissenschaft und Organisation bestätigt. Danach glaubten lediglich 15 Prozent der befragten Unternehmen, ihr internes Wissen gut bis sehr gut zu nutzen. Bemerkenswert ist dabei, dass 75 Prozent von diesen Unternehmen gleichzeitig angeben, der Anteil des Produktionsfaktor Wissen habe bis zu 60 Prozent Anteil an der Wertschöpfung ihres Betriebes. Die Vergeudung von Wissensressourcen geht einher mit dem Horten von Herrschaftswissen und dem Festhalten an starren Entscheidungsstrukturen. Nur geschicktes Wissensmanagement macht es möglich, an die „skills" der Mitarbeiter heranzukommen.

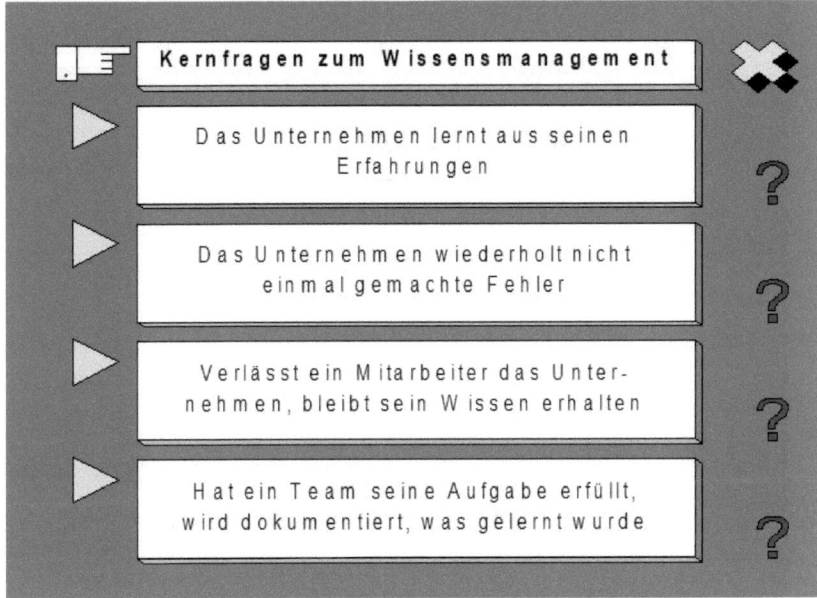

Immer mehr erkennt man, dass eine der wichtigsten Grundlagen von Geschäfts- und Entwicklungsprozessen eine effektive Informationslogistik ist. Die Qualität der Unternehmensleistung basiert nicht nur auf betriebswirtschaftlichen oder sachlichen Daten, sondern ebenso auf Informationen über interne Abläufe, Strukturen, Erfahrungen, Bewertungen von Informationen, Verdichtungen, Vernetzungen etc. Wissen manifestiert sich in Kommunikationsnetzwerken, d.h. wer hat mit wem zur Lösung welcher Fragestellung kommuniziert. Wissensmanagement ist

Chefsache und muss auf dieser Ebene verantwortlich gefördert werden.

Information und Wissen haben verschiedene Aspekte und dürfen nicht miteinander verwechselt werden: Information muss nicht bereits Wissen sein ! Daraus folgt: moderne Hardware und Datenbanken alleine reichen nicht aus, erworbenes Know-how im Unternehmen zu halten. Wissensmanagement bedeutet vielmehr vorausschauendes Personalmanagement. Diesem entspricht nicht, wenn beispielsweise im Wege von Lean Management sich Unternehmen durch Frühpensionierung einer ganzen Schicht von wichtigen Wissensträgern selbst beraubt. Vor der Wissensanwendung steht aber immer erst der notwendige Wissenserwerb. Wissensmanagement hat somit auch immer mit Ausbildung zu tun. Eine Wissensvermittlung auf Vorrat von früher reicht aber heute bei weitem nicht mehr aus. Dabei ist eine Verschiebung vom Fakten- zum Zugriffswissen sowie vom Oberflächen- zum Konzeptwissen feststellbar:

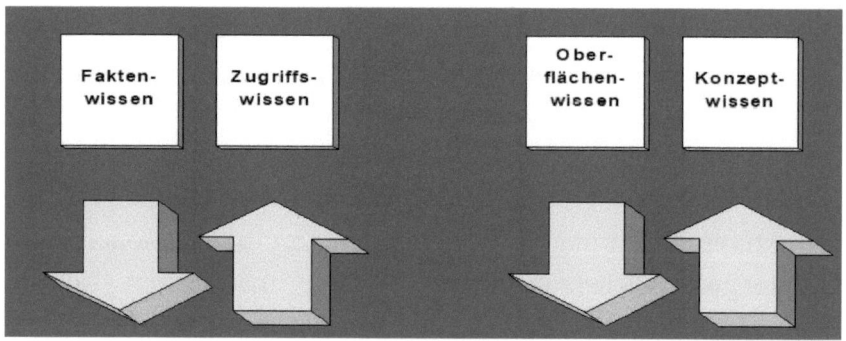

Wissensmanagement ist ein übergreifender Prozess

Wissensmanagement erfordert zunächst auf Führungsebene die Bewertung von im Unternehmen zirkulierenden Informationen. In der konkreten Umsetzung muss dieser Prozess von den Informationssystemen durch das Sammeln, Speichern und Verteilen des Knowhows unterstützt werden. Ohne regelnde Strukturen wie beispielsweise Filterfunktionen oder Suchmaschinen ist die grosse Menge an Informationen in der Praxis nicht zu bewältigen. Insbesondere Führungsebenen können bei ihrer Entscheidungsfindung von Wissensdatenbanken profitieren.

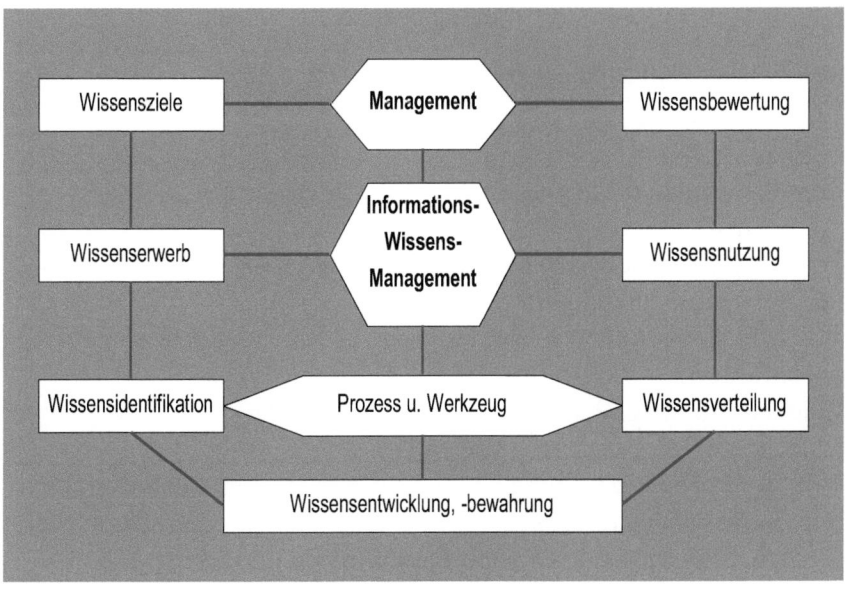

Da teilweise bis zu 80 Prozent des Business-Wissens in Informationssystemen steckt, ist es eine Herausforderung an das Informationsmanagement, dieses Wissen zusammenzuführen. Das Wissen über die Planung, Steuerung, Durchführung und Kontrolle von Geschäftsprozessen ist in der Software gespeichert. Außerhalb der Software ist dieses Wissen nur bruchstückhaft dokumentiert oder nur in Köpfen von wenigen Mitarbeitern eingeschränkt verfügbar.

Salve, lieber HOLA-Weggefährte,
Nichts ist mehr so wie es war

wenn wir einmal die allgegenwärtige KI fragen würden......

Welche dynamischen Wirkungsbeziehungen zwischen Personalfaktoren müssen analysiert werden?
Wie und mimt welchen Methoden kann man solche Analysen durchführen?
Zeichne graphische Wirkungsnetze

Um dynamische Wirkungsbeziehungen zwischen Personalfaktoren zu analysieren, müssen verschiedene Aspekte berücksichtigt werden. Hier sind einige wichtige Faktoren und Methoden:

Wichtige Personalfaktoren

1. **Mitarbeiterzufriedenheit**: Wie zufrieden sind die Mitarbeiter mit ihrer Arbeit und dem Arbeitsumfeld?
2. **Mitarbeiterleistung**: Wie gut erfüllen die Mitarbeiter ihre Aufgaben und Ziele?
3. **Fluktuationsrate**: Wie häufig verlassen Mitarbeiter das Unternehmen?
4. **Weiterbildung und Entwicklung**: Welche Möglichkeiten zur Weiterbildung und beruflichen Entwicklung gibt es?
5. **Arbeitsklima**: Wie ist die allgemeine Stimmung und das Arbeitsklima im Unternehmen?

Methoden zur Analyse

1. **Befragungen und Umfragen**: Regelmäßige Mitarbeiterbefragungen können Einblicke in die Zufriedenheit und das Arbeitsklima geben.
2. **Leistungsbeurteilungen**: Regelmäßige Leistungsbewertungen helfen, die Leistung der Mitarbeiter zu messen und zu verbessern.
3. **Statistische Analysen**: Methoden wie Regressionsanalysen oder Strukturgleichungsmodelle können verwendet werden, um Zusammenhänge zwischen verschiedenen Faktoren zu identifizieren.
4. **Netzwerkanalysen**: Diese Methode kann verwendet werden, um die Beziehungen und Interaktionen zwischen Mitarbeitern zu visualisieren und zu analysieren.

Graphische Wirkungsnetze

Ein Wirkungsnetz kann helfen, die Beziehungen zwischen den verschiedenen Personalfaktoren zu visualisieren. Hier ist ein einfaches Beispiel:

```
graph TD;
    A[Mitarbeiterzufriedenheit] -->
B[Mitarbeiterleistung];
    B --> C[Fluktuationsrate];
    A --> D[Arbeitsklima];
    D --> B;
    D --> E[Weiterbildung und Entwicklung];
    E --> B;
```

In diesem Diagramm zeigt der Pfeil von "Mitarbeiterzufriedenheit" zu "Mitarbeiterleistung", dass eine höhere Zufriedenheit zu einer besseren Leistung führen kann. Ähnlich beeinflusst das Arbeitsklima sowohl die Zufriedenheit als auch die Leistung der Mitarbeiter.

Erzähle mir mehr über Netzwerkanalysen.

Netzwerkanalysen sind eine leistungsstarke Methode zur Untersuchung von Beziehungen und Interaktionen innerhalb eines Netzwerks. Sie werden häufig in verschiedenen Bereichen wie Soziologie, Informatik, Biologie und Personalmanagement eingesetzt. Hier sind einige wichtige Aspekte und Anwendungen von Netzwerkanalysen:

Grundprinzipien der Netzwerkanalyse

1. **Knoten und Kanten**: In einem Netzwerkdiagramm repräsentieren Knoten (oder Punkte) die Entitäten (z.B. Personen, Organisationen) und Kanten (oder Linien) die

Beziehungen oder Interaktionen zwischen diesen Entitäten.

2. **Grad**: Der Grad eines Knotens ist die Anzahl der Verbindungen, die er hat. Ein hoher Grad kann auf eine zentrale Rolle im Netzwerk hinweisen.

3. **Zentralität**: Verschiedene Maße der Zentralität (z.B. Betweenness, Closeness, Eigenvector) helfen zu bestimmen, wie wichtig ein Knoten im Netzwerk ist.

4. **Cluster und Gemeinschaften**: Netzwerke können Cluster oder Gemeinschaften enthalten, in denen Knoten stärker miteinander verbunden sind als mit dem Rest des Netzwerks.

Anwendungen in der Personalwirtschaft

1. **Kommunikationsnetzwerke**: Analyse der Kommunikationsmuster innerhalb eines Unternehmens, um zu verstehen, wie Informationen fließen und wo es Engpässe gibt.

2. **Einflussnetzwerke**: Identifikation von Schlüsselpersonen, die großen Einfluss auf andere Mitarbeiter haben, was bei der Gestaltung von Change-Management-Strategien hilfreich sein kann.

3. **Kooperationsnetzwerke**: Untersuchung der Zusammenarbeit zwischen verschiedenen Abteilungen oder Teams, um Synergien und Verbesserungspotenziale zu identifizieren.

Methoden und Werkzeuge

1. **Software**: Es gibt verschiedene Softwaretools zur Durchführung von Netzwerkanalysen, wie z.B. Gephi, UCINET, und NodeXL.
2. **Visualisierung**: Netzwerkanalysen beinhalten oft die Visualisierung von Netzwerken, um Muster und Beziehungen leichter zu erkennen.
3. **Metriken**: Verschiedene Metriken wie Dichte, Zentralität und Modularität werden verwendet, um Netzwerke zu analysieren und zu interpretieren.

Beispiel einer Netzwerkanalyse

Hier ist ein einfaches Beispiel für ein Kommunikationsnetzwerk in einem Unternehmen:

```
graph TD;
    A[Manager] --> B[Mitarbeiter 1];
    A --> C[Mitarbeiter 2];
    B --> D[Mitarbeiter 3];
    C --> D;
    C --> E[Mitarbeiter 4];
    D --> E;
```

In diesem Diagramm zeigt der Manager (A) direkte Kommunikationswege zu Mitarbeiter 1 (B) und Mitarbeiter 2 ©. Mitarbeiter 2 kommuniziert sowohl mit Mitarbeiter 3 (D) als auch mit Mitarbeiter 4 (E), was auf eine zentrale Rolle im Netzwerk hinweist.

Netzwerkanalysen können sehr aufschlussreich sein und helfen, die Dynamik und Struktur von Beziehungen innerhalb eines Unternehmens besser zu verstehen.

Ich möchte mehr über die Visualisierung von Netzwerken erfahren.

Antworten für Sie werden generiert...

Die Visualisierung von Netzwerken ist ein wichtiger Aspekt der Netzwerkanalyse, da sie komplexe Beziehungen und Interaktionen zwischen verschiedenen Entitäten verständlich darstellt. Hier sind einige wichtige Punkte und Methoden zur Visualisierung von Netzwerken:

Wichtige Aspekte der Netzwerkvisualisierung

1. **Knoten und Kanten**: Knoten repräsentieren die Entitäten (z.B. Personen, Geräte), während Kanten die Beziehungen oder Interaktionen zwischen diesen Entitäten darstellen.
2. **Layout-Algorithmen**: Verschiedene Algorithmen wie Force-Directed, Circular oder Hierarchical Layouts helfen, Netzwerke übersichtlich darzustellen.
3. **Farbcodierung und Größenanpassung**: Farben und Größen der Knoten und Kanten können verwendet werden, um zusätzliche Informationen wie Zentralität oder Verbindungsstärke darzustellen.
4. **Interaktive Visualisierungen**: Tools bieten oft interaktive Funktionen, mit denen Benutzer Netzwerke zoomen, filtern und detaillierte Informationen zu einzelnen Knoten und Kanten anzeigen können.

Beliebte Tools zur Netzwerkvisualisierung

1. **Gephi**: Ein Open-Source-Tool, das leistungsstarke Funktionen zur Netzwerkvisualisierung und -analyse bietet.
2. **Cytoscape**: Ursprünglich für biologische Netzwerke entwickelt, aber auch für andere Arten von Netzwerken geeignet.
3. **NodeXL**: Ein Excel-Add-In, das die Erstellung und Analyse von Netzwerken direkt in Excel ermöglicht.
4. **Graphviz**: Ein Open-Source-Tool zur Visualisierung von Graphen, das besonders für technische und wissenschaftliche Anwendungen geeignet ist.

Beispiel einer Netzwerkvisualisierung

Hier ist ein einfaches Beispiel für ein Netzwerkdiagramm, das die Beziehungen zwischen verschiedenen Mitarbeitern in einem Unternehmen zeigt:

```
graph TD;
    A[Manager] --> B[Mitarbeiter 1];
    A --> C[Mitarbeiter 2];
    B --> D[Mitarbeiter 3];
    C --> D;
    C --> E[Mitarbeiter 4];
    D --> E;
```

In diesem Diagramm zeigt der Manager (A) direkte Kommunikationswege zu Mitarbeiter 1 (B) und Mitarbeiter 2 ©. Mitarbeiter 2 kommuniziert sowohl mit Mitarbeiter 3 (D) als auch mit Mitarbeiter 4 (E), was auf eine zentrale Rolle im Netzwerk hinweist.

Weitere Ressourcen

- <u>DNSstuff</u>: Eine Übersicht über verschiedene Netzwerk-diagramm-Tools[1].
- <u>Guru99</u>: Eine Liste der besten kostenlosen Netzwerkdiagramm-Software[2].

KI-Ende

Ohne ein Roboter zu sein, könnte man als Mensch vielleicht meinen:

Fiktive Dialoge - ein paar Stunden Intensivcoaching

Denkanstöße

Wissensmanagement

Storytelling

Content

Inspiration

Diskurs

DecisionSupport

Gehirntraining - wenn es gut werden soll

Verstehen lernen

Vernetzt denken

Potenziale ausschöpfen

Komplexität reduzieren

Gestaltbar machen

Wissen transferieren

Proaktiv agieren

Wirkungsbeziehungen zwischen Personalfaktoren: zwischen den erwähnten Personalfaktoren wirken zahlreiche Austauschbeziehungen mit mehr oder weniger starken Impulsweiterleitungen. Diese Wirkungsbeziehungen zwischen den Faktoren sind nicht fest verdrahtet, wie etwa die verlöteten Verbindungen in elektrischen Schaltkreisen. Zu sehr befindet sich ein Mitarbeiter in ständiger Bewegung und Veränderung. Deshalb soll nunmehr jeder Personalfaktor jeweils mit allen anderen Faktoren nach aktivem Wirkungseinfluss, passivem Wirkungseinfluss sowie der Dauer, bis eine Änderung in der Faktorenbeziehung wirksam wird, verknüpft und analysiert werden. Bevor man versucht, die Potentiale eines Mitarbeiters systematisch zu durchleuchten, sollte man zuerst die zwischen einzelnen Personalfaktoren wirkenden Beziehungen näher ansehen und verstehen. Eine erste und einfache Orientierungshilfe könnten die folgenden Abstufungen sein:

Stufen der aktiven Wirkungsstärke	
0	Keine Wirkung
1	Schwache Wirkung
2	Mittlere Wirkung
3	Starke Wirkung
Stufen der passiven Wirkungsstärke	
0	Keine Wirkung
1	Schwache Wirkung
2	Mittlere Wirkung
3	Starke Wirkung
Stufen der Wirkungsdauer	
a	Sofort
b	Kurzfristig (max. 12 Monate)
c	Mittelfristig (max. 24 Monate)
d	Langfristig (mehr als 24 Monate)

Nachdem ein vollständiges Bild aller identifizierten Personalfaktoren vorliegt, geht es im Rahmen eines Potential-Checks um folgende drei Hauptfragen: 1. Zwischen welchen Personalfaktoren kommt es zu Wirkungsbeziehungen? 2. Wie stark sind jeweils solche Wirkungsbeziehungen? 3. Wie lange dauert es, bis eventuelle Änderungen zu wirken beginnen? zu Frage 1.: Werden zwischen zwei Personalfaktoren Wirkungsbeziehungen festgestellt, so können diese graphisch mittels Pfeilen angezeigt werden. Dabei zeigt der eingezeichnete Pfeil von dem die Wirkung ausübenden Faktor mit seiner Spitze in Richtung auf denjenigen Faktor, auf den diese Beziehung einwirkt:

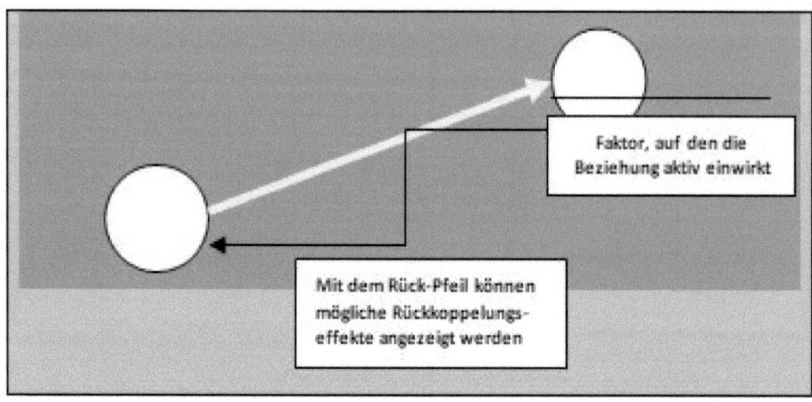

Faktor, auf den die Beziehung aktiv einwirkt

Mit dem Rück-Pfeil können mögliche Rückkoppelungseffekte angezeigt werden

zu Frage 2.: wurden zwischen Faktoren Beziehungen festgestellt und mit Hilfe entsprechender Wirkungspfeile angezeigt, so stellt sich die Frage nach der Stärke der jeweiligen Wirkungsbeziehung. Für die Durchführung eines Potential-Checks sollen folgende Stärke-Nive-aus unterschieden werden: -3 = eher stark negative Wirkung, -2 = negative Wirkung, -1 = eher schwach negative Wirkung, 0 = keine Wirkung, +1= eher schwach positive Wirkung, +2= positive Wirkung +3= eher stark positive Wirkung. In den graphischen Wirkungsnetzen der Demo-Beispiele wird die Wirkungsstärke mit Hilfe der Pfeil-Dicke angezeigt: dünner Pfeil = schwache Wirkung (positiv oder negativ), dicker Pfeil = starke Wirkung (positiv oder negativ). zu Frage 3.: es soll zusätzlich erfasst werden, wie lange es dauert, bis sich die entsprechende Wirkung (schwach, mittel oder stark) zeigt. Für den Potential-Check werden auch hierbei wiederum verschiedene Stufen angenommen, nämlich:

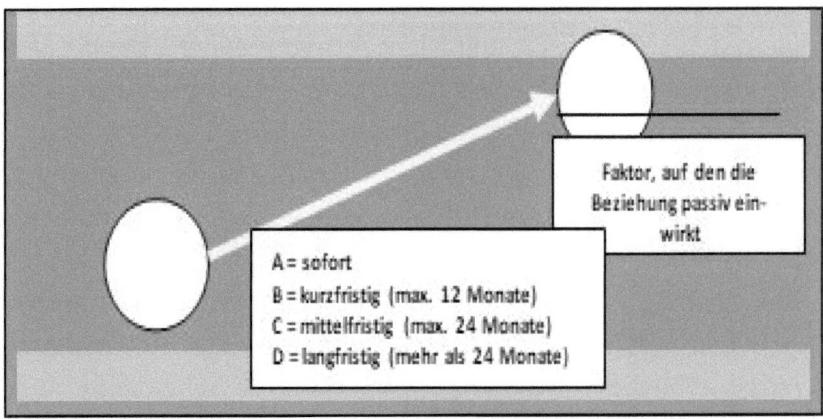

A = sofort
B = kurzfristig (max. 12 Monate)
C = mittelfristig (max. 24 Monate)
D = langfristig (mehr als 24 Monate)

Faktor, auf den die Beziehung passiv einwirkt

Extrovertierte sind nicht besser als Introvertierte: Man sollte beachten, dass stille und laute Menschen in etwa gleichviele gute oder schlechte Ideen haben, trotzdem aber nur die lauten und energischeren Menschen sie durchsetzen. „Was der Extrovertierte als anregend, inspirierend und beflügelnd empfindet, verschreckt manchmal den Introvertierten. Sein Rückzug ist indes keine Flucht, sondern gibt ihm die Möglichkeit, das Erlebte zu ordnen. Obwohl keine Rückschlüsse auf die Leistungsfähigkeit des einen oder anderen Typus zulässig sind, räumt man dem Extrovertierten meistens die höhere Chance auf eine erfolgreiche Karriere ein. Introversion, so Experten, gelte mit ihren Attributen der Empfindsamkeit, Ernsthaftigkeit und Schüchternheit als Persönlichkeitsmerkmal zweiter Klasse. Allerdings könnte man sich auch die Frage stellen, ob introvertierte Entscheider nicht so manche Krise besser meistern könnten oder in der Vergangenheit sogar verhindert hätten)? Es gibt Beispiele für so manche Extrovertierte, die zur Selbstreflexion unfähige Narzissten sind, „Geld- und Menschenverbrenner", die als „Entscheidungshysteriker" alles plattwalzen, was sich ihnen entgegen stellt. Häufig wäre das „Leise als das neue Laut" besser gewesen. Denn müssen wir uns wirklich abstrampeln, ständig für uns selbst trommeln, um Erfolg zu haben, respektiert und beachtet zu werden? Oder sollten wir unseren „Ego-Lautsprecher" zur Abwechslung nicht einfach mal ein paar Stufen leiser stellen? Vielleicht wären uns so manche dramatischen Entwicklungen erspart geblieben? Besonders wenn mehrere Schauläufer aufeinandertreffen und in eine Überbietungsspirale geraten? Denn Lautsprecherei zehrt nicht nur an den Kräften und sondern auch an den Nerven von allen Beteiligten.

Mit Hilfe von graphischen Wirkungsnetzen soll versucht werden, mehr Klarheit in das zeitweise nebulöse „Irgendwie" dieser gegenseitigen Abhängigkeiten und Korrelationen zu bringen. Neben aktiver und passiver Stärke der gegenseitigen Wirkungseinflüsse soll in Form der Wirkungsdauer-Analyse als zusätzliche Komponente der Faktor Zeit einbezogen werden. Beispiel für Standardschema:

ID	Verknüpfung von Personalfaktoren	GP-1	GP-2	GP-3	GP-4
GP-1	Change Management				
GP-2	Projektmanagement				
GP-3	Weiterbildungsaktivitäten				
GP-4	Ideenmanagement				
GP-5	Nutzung IT-Techniken				
GP-6	Risikomanagement				
GL-1	Generalist, ganzheitliches Denken usw.				

Aktive Wirkung auf anderen Faktor	Passive Einwirkung von anderem Faktor ausgehend	Dauer bis Wirkung eintritt
0= keine Aktivwirkung 1= schwache Aktivwirkung 2= mittlere Aktivwirkung 3= starke Aktivwirkung	0= kein Passiveinfluss 1= schwacher Passiveinfluss 2= mittlerer Passiveinfluss 3= starker Passiveinfluss	a= sofort b= kurzfristig c= mittelfristig d= langfristig
?	?	?

Interpretation Aktivwirkung:

Interpretation Passivwirkung:

Wirkungsanalyse:
1. Stärke
2. Dauer

Salve, lieber HOLA-Weggefährte,
Nichts ist mehr so wie es war

wenn wir einmal die allgegenwärtige KI fragen würden……

Welche Fähigkeiten und Eigenschaften werden in Zeiten einer disruptiven Digitalwirtschaft verlangt?
Was fordern akademische Berufseinsteiger von ihrem zukünftigen Arbeitgeber?
Wie funktionieren künstliche neuronale Netze?

Antworten für Sie werden generiert…

Fähigkeiten und Eigenschaften in der disruptiven Digitalwirtschaft

In Zeiten einer disruptiven Digitalwirtschaft sind bestimmte Fähigkeiten und Eigenschaften besonders gefragt:

1. **Digitale Kompetenz**: Kenntnisse in Bereichen wie Programmierung, Big Data, künstliche Intelligenz und Blockchain sind essenziell[1].
2. **Anpassungsfähigkeit**: Die Fähigkeit, sich schnell an neue Technologien und Marktbedingungen anzupassen, ist entscheidend[2].
3. **Kreativität und Innovationsfähigkeit**: Unternehmen suchen nach Mitarbeitern, die innovative Lösungen entwickeln und kreative Ansätze verfolgen können[1].
4. **Sozialkompetenz**: Teamarbeit, Kommunikationsfähigkeit und emotionale Intelligenz sind in einer vernetzten Arbeitswelt unerlässlich[3].

5. **Problemlösungsfähigkeit**: Die Fähigkeit, komplexe Probleme zu analysieren und effektive Lösungen zu finden, ist von großer Bedeutung[4].

Erwartungen akademischer Berufseinsteiger an Arbeitgeber

Akademische Berufseinsteiger haben klare Vorstellungen von ihrem zukünftigen Arbeitgeber:

1. **Wertschätzung und Anerkennung**: Sie erwarten, dass ihre Arbeit geschätzt und anerkannt wird[5].
2. **Gestaltungsfreiheit und Verantwortung**: Ein hohes Maß an Autonomie und die Möglichkeit, eigene Ideen einzubringen, sind wichtig[5].
3. **Gutes Betriebsklima**: Ein angenehmes Arbeitsumfeld und ein gutes Betriebsklima sind entscheidend für die Zufriedenheit[6].
4. **Weiterbildungsmöglichkeiten**: Die Möglichkeit zur kontinuierlichen Weiterbildung und persönlichen Entwicklung wird hoch geschätzt[7].
5. **Work-Life-Balance**: Flexibilität und die Vereinbarkeit von Beruf und Privatleben sind zentrale Anliegen[6].

Funktionsweise künstlicher neuronaler Netze

Künstliche neuronale Netze (KNN) sind inspiriert von den biologischen neuronalen Netzen im menschlichen Gehirn. Sie bestehen aus mehreren Schichten von Neuronen:

1. **Eingabeschicht (Input Layer)**: Hier werden die Daten in das Netzwerk eingespeist[8].

2. **Verborgene Schichten (Hidden Layers)**: Diese Schichten verarbeiten die Eingaben durch gewichtete Verbindungen und Aktivierungsfunktionen[8].
3. **Ausgabeschicht (Output Layer)**: Hier wird das Ergebnis der Verarbeitung ausgegeben[8].

Die Funktionsweise eines KNN lässt sich wie folgt zusammenfassen:

- **Gewichtung und Aktivierung**: Jede Verbindung zwischen Neuronen hat ein Gewicht, das die Stärke der Verbindung bestimmt. Die Neuronen verwenden Aktivierungsfunktionen, um die Eingaben zu verarbeiten und eine Ausgabe zu erzeugen[8].
- **Training und Lernen**: KNN werden durch Training mit großen Datenmengen optimiert. Dabei wird der Fehler zwischen der tatsächlichen und der gewünschten Ausgabe minimiert, indem die Gewichte angepasst werden[9].

KNNs finden Anwendung in vielen Bereichen, wie z.B. Bilderkennung, Spracherkennung und autonomes Fahren[8].

Erzähle mir mehr über die Anwendung von künstlichen neuronalen Netzen.

Antworten für Sie werden generiert…

Künstliche neuronale Netze (KNN) finden in vielen Bereichen Anwendung, da sie in der Lage sind, komplexe Muster in großen Datenmengen zu erkennen und zu verarbeiten. Hier sind einige der wichtigsten Anwendungsgebiete:

1. Bilderkennung

KNNs werden häufig in der Bilderkennung eingesetzt, um Objekte, Gesichter oder sogar Handschriften zu identifizieren. Sie können beispielsweise in der medizinischen Bildgebung verwendet werden, um Tumore oder andere Anomalien zu erkennen[1].

2. Spracherkennung

In der Spracherkennung helfen KNNs dabei, gesprochene Sprache in Text umzuwandeln. Dies ist die Grundlage für Sprachassistenten wie Siri, Alexa und Google Assistant[2].

3. Autonomes Fahren

Autonome Fahrzeuge nutzen KNNs, um ihre Umgebung zu verstehen und Entscheidungen in Echtzeit zu treffen. Sie analysieren Daten von Kameras, LIDAR und anderen Sensoren, um sicher zu navigieren[3].

4. Finanzwesen

Im Finanzwesen werden KNNs zur Betrugserkennung und zur Analyse von Markttrends eingesetzt. Sie können ungewöhnliche Transaktionsmuster erkennen und so potenziellen Betrug aufdecken[4].

5. Medizinische Diagnostik

KNNs unterstützen Ärzte bei der Diagnose von Krankheiten, indem sie Muster in medizinischen Daten erkennen. Sie können beispielsweise bei der Analyse von Röntgenbildern oder der Vorhersage von Krankheitsverläufen helfen[5].

6. Personalisierte Empfehlungen

Plattformen wie Netflix, Amazon und Spotify nutzen KNNs, um personalisierte Empfehlungen zu geben. Sie analysieren das

Verhalten der Nutzer und schlagen Inhalte vor, die ihnen gefallen könnten[6].

7. Sprachübersetzung

KNNs werden auch in der maschinellen Übersetzung eingesetzt. Sie ermöglichen es, Texte von einer Sprache in eine andere zu übersetzen, indem sie die Bedeutung und den Kontext der Wörter analysieren[2].

8. Industrie 4.0

In der Industrie werden KNNs zur vorausschauenden Wartung (Predictive Maintenance) eingesetzt. Sie analysieren Sensordaten von Maschinen, um Ausfälle vorherzusagen und Wartungsarbeiten rechtzeitig durchzuführen[5].

Diese Beispiele zeigen, wie vielseitig und leistungsfähig künstliche neuronale Netze sind. Sie revolutionieren viele Branchen und tragen dazu bei, Prozesse effizienter und intelligenter zu gestalten.

KI-Ende

Ohne ein Roboter zu sein, könnte man als Mensch vielleicht meinen:

Fiktive Dialoge - ein paar Stunden Intensivcoaching
Denkanstöße
Wissensmanagement
Storytelling
Content

Inspiration
Diskurs
DecisionSupport
Gehirntraining - wenn es gut werden soll
Verstehen lernen
Vernetzt denken
Potenziale ausschöpfen
Komplexität reduzieren
Gestaltbar machen
Wissen transferieren
Proaktiv agieren

Executive Coaching
Denkstudio für strategisches Wissensmanagement

Strategie der Schwarmorganisation: wer junges, qualifiziertes Personal sucht, muss dafür weite Wege gehen. Die sogenannte Millennial-Generation wünscht sich kleine Teams und Freiheiten bei der Gestaltung der Arbeit. Wenn aber die begehrten Talente erst einmal auf der Gehaltsliste stehen, fehlt es oft an klaren (und richtigen) Vorstellungen, wie mit ihnen weiter zu verfahren ist. Viele der akademischen Berufseinsteiger fühlen sich nämlich mit ihren ersten Tätigkeiten unterfordert und sind der Meinung, Dinge erledigen zu müssen, für die es eigentlich kein Studium gebraucht hätte. Sie verlangen nach Erklärungen zu Sinn und Zweck ihrer Tätigkeiten. Eine um sich greifende neue Strategie könnte hier Abhilfe schaffen. Denn diese heißt Kopieren geht über Studieren: Unternehmen wollen künftig mehr wie lockere Startups agieren und rufen den Kulturwandel aus. Also weg mit starren Abteilungsgrenzen: im Sinne einer Schwarmintelligenz soll sich jeder mit jedem vernetzen. Mitarbeiter sollen nicht nur enge Abteilungsziele verfolgen, sondern zum Wohl des Ganzen eingesetzt werden. In disruptiven Zeiten der Digitalwirtschaft müsse man flexibel sein (werden) und wie ein Startup neugierig der Zukunft entgegenfiebern. Zu bestimmten Themen und Aufgaben sollen Mitarbeiter daher zu Schwärmen organisieren und autonom, unabhängig von Abteilungsgrenzen agieren. Niemand soll mehr warten müssen, bis der eigene Chef sich mit seinem Pendant aus der anderen Abteilung geeinigt hat, ob man hier oder da dies oder jenes tun können. Nur die zu lösende Aufgabe zählt (als Ganzes).

Die Mitarbeiter sollen zukünftig mehr in sich häufig ändernden Projektteams arbeiten. Hierfür am besten geeignet sind hochmotivierte und kompetente Leute, die sich in einer Netzwerkstruktur gut zurechtfinden können. Agil ist das neue Zauberwort. Zukunft darf nicht mehr nur die Fortsetzung der Vergangenheit mit anderen Mitteln sein. Teams sollen nicht mehr gezwungen sein, ihre neuen Produkte erst durch unzählige Testzyklen laufen zu lassen. Entwicklungen sollen so schnell es nur irgend geht auf den Markt kommen, notfalls nachgebessert werden, wenn in der Alltagspraxis Fehler auftauchen. Die Devise: mehr Mut zu Versuch und Irrtum. Gesetzt wird auf das Prinzip „fail fast" – wenn schon scheitern, dann aber bitte schnell.

| Personalfaktor | | Faktoren 1-3 | | |
ID	Prozessfaktoren	GP-1	GP-2	GP-3
GP-1	Change Management	■	3	3
GP-2	Projektmanagement	0	■	0
GP-3	Weiterbildungsaktivitäten	0	3	■
GP-4	Ideenmanagement	0	0	0
GP-5	Nutzung IT-Techniken	2	3	2
GP-6	Risikomanagement	3	2	0
Personalfaktor		Faktoren 4-6		
ID	Prozessfaktoren	GP-4	GP-5	GP-6
GP-1	Change Management	2	1	2
GP-2	Projektmanagement	3	2	1
GP-3	Weiterbildungsaktivitäten	1	3	2
GP-4	Ideenmanagement	■	1	1
GP-5	Nutzung IT-Techniken	0	■	2
GP-6	Risikomanagement	0	3	■

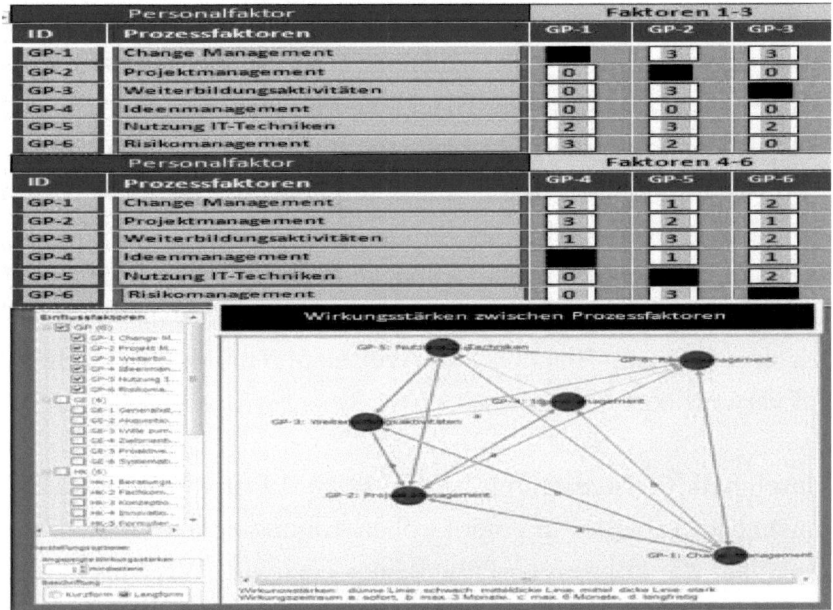

Kognitive Systeme in immer mehr Einsatzbereichen: „Deep Learning bezeichnet mehrschichtige künstliche neuronale Netze, die sich in abstrakter Form an den Informationsverarbeitungs- prozessen im menschlichen Gehirn orientieren. Maschinen ler- nen, auf Basis von Beispieldaten Aufgaben zu lösen, Umgebun- gen zu verstehen, Handlungen zu planen, auf Hindernisse zu reagieren, mit Menschen zu kommunizieren, Entscheidungen zu treffen. Sie können Prozesse planen und optimieren, Prognosen treffen, Muster oder Auffälligkeiten erkennen oder Bild- und Sprachsignale analysieren. Schwerpunkte liegen in den Berei- chen industrielle Produktion, Einzelhandel, Medizin oder Finan- zen. Maschinelle Lernverfahren können bei der Untersuchung von komplexen Situationen genutzt werden und beispielsweise aufwendige Prototypen-Tests ersetzen. Es gibt viele Level von Assistenzsituationen: von vollständig menschgeführt bis vollständig autonom. Während Blackbox-Modelle das physikalische Modell der lernenden Problemstellung nicht berücksichtigen wird es in Whitebox-Algorithmen so genau wie möglich hergeleitet und mitverwendet. Im Rahmen der Analyse hochkomplexer Daten wissen manchmal Experten nicht genau, wie neuronale Netze zu bestimmten Ergebnissen kommen. „Man füttert gewissermaßen eine Blackbox mit Werten und erhält überraschend gut verwendbare Ergebnisse".

Maschinelle Lernverfahren helfen, sowohl Daten als auch Wissen aus der Literatur in einer Größenordnung zu extrahieren, die weit über die kognitiven Fähigkeiten einzelner Wissenschaftler hinausgeht. Mit maschineller Hilfe können Modelle der Welt generiert werden, die jenseits menschlicher Leistungsfähigkeit neue Einsichten in Wirkungsmechanismen erlauben. Denn mit steigender Vernetzung steigt die Menge der verfügbaren (nutzbaren) Daten. Für die Nutzung steigender Informationsberge braucht man eine geeignete Datenanalytik. „Es gibt zwei grundsätzliche Vorgehensweisen: Beim Fort-Knox-Ansatz schotten sich Unternehmen ab, Daten und Informationen werden mit erheblichem Aufwand geschützt. Die „Schwarzdenker" sehen in der Herausgabe von Daten in erster Linie Gefahren. Der andere Ansatz handelt nach dem Motto „Ich teile alles": Unternehmen und Nutzer von Diensten geben Daten freiwillig heraus, obwohl sie damit die Kontrolle über sie verlieren. Sie sehen mehr Chancen als Risiken, weshalb man sie auch als „Weißdenker" bezeichnet". Nach den Vorstellungen mancher Forscher sollte der Dateneigentümer die Möglichkeit haben, die Art der Nutzung seiner Daten durch Dritte zu kontrollieren. Beispielsweise durch zeitliche oder räumliche Einschränkung der Datennutzung (Daten werden nach einer bestimmten Zeit gelöscht, bei Verlassen eines geschützten Raumes werden bestimmte Daten nicht mehr angezeigt). Das Auslagern von Daten außerhalb eines definierten Rechtsraumes wird erkannt und dem Dateneigentümer mitgeteilt.

Personalfaktor	Faktoren 1-3		
ID	Erfolgsfaktoren	GE-1	GE-2	GE-3
---	---	---	---	---
GE-1	Generalist, ganzheitliches Denken	■	0	0
GE-2	Akquisitionsstärke	0	■	0
GE-3	Wille zum Erfolg	0	0	■
GE-4	Zielorientierung, -bezogenes Handeln	0	0	0
GE-5	Proaktives statt reaktives Handeln	2	2	2
GE-6	Systematische Vorgehensweise	3	0	0

Personalfaktor	Faktoren 4-6		
ID	Erfolgsfaktoren	GE-4	GE-5	GE-6
---	---	---	---	---
GE-1	Generalist, ganzheitliches Denken	0	3	3
GE-2	Akquisitionsstärke	2	2	0
GE-3	Wille zum Erfolg	2	2	0
GE-4	Zielorientierung, -bezogenes Handeln	■	3	3
GE-5	Proaktives statt reaktives Handeln	2	■	2
GE-6	Systematische Vorgehensweise	3	3	■

Wirkungsstärken zwischen Erfolgsfaktoren

Einflussfaktoren
- GP (6)
  - GP-1 Change M...
  - GP-2 Projekt M...
  - GP-3 Weiterbil...
  - GP-4 Ideenman...
  - GP-5 Nutzung I...
  - GP-6 Risikoma...
- GE (6)
  - GE-1 Generalist...
  - GE-2 Akquisitio...
  - GE-3 Wille zum...
  - GE-4 Zielorienti...
  - GE-5 Proaktive...
  - GE-6 Systemat...
- HK (6)
  - HK-1 Beratungs...
  - HK-2 Fachkom...
  - HK-3 Konzeptio...
  - HK-4 Innovatio...
  - HK-5 Formulier...

erstellungsoptionen
Angezeigte Wirkungsstärken
1 mindestens
Beschriftung
Kurzform Langform

GE-1: Generalist, ganzheitliches Denken
GE-6: Systematische Vorgehensweise
GE-5: Proaktives statt reaktives Handeln
GE-4: Zielorientierung, -bezogenes Handeln
GE-2: Akquisitionsstärke
GE-3: Wille zum Erfolg

Wirkungsstärken: dünne Linie schwach, mitteldicke Linie mittel, dicke Linie star
Wirkungszeitraum a: sofort, b: max. 3 Monate, c: max. 6 Monate, d: langfristig

Verändern müssen sich alle, doch nicht alle müssen alles verändern: die einen (Unternehmen) treiben die rasante Entwicklung durch einen fortwährenden Strom an Innovationen, die anderen (Unternehmen) sind Getriebene und geraten unter Druck. Der höchste Veränderungsdruck entsteht bei Liquiditätsproblemen wenn die Überschuldung droht. Veränderungsnotwendigkeit kann aber auch schon dann bestehen, wenn die gegenwärtigen Ergebnisse (noch) stimmen, jedoch die Erwartungen für die Zukunft deutlich eingetrübt sind. Auch wenn sich Kundenwünsche ändern und ein Unternehmen durch Wettbewerb bedroht wird. Zu den alltäglichen Bedrohungen zählt auch der Innovationswettbewerb, der innerhalb der bestehenden Produkt- und Dienstleistungskategorien (eigentlich ständig) stattfindet. Manche Unternehmen müssen sich im Prinzip bereits schon deswegen verändern, um so zu bleiben (können), wie sie sind. Dagegen geht es beim Wettbewerb als Disruption nicht mehr (nur) um das Rennen um bessere Produkte, Preise und Qualität. Vielmehr wird ein ganz neues Spiel gespielt. So dringend die Veränderungsnotwendigkeit (oder der Wunsch nach Veränderung) auch sein mag: Veränderungsprogramme dürfen nicht ohne klare Richtung aufgesetzt werden. In jedem Fall sollte man immer die (noch) guten Zeiten nutzen (auch wenn der Rückenwind des Leidensdrucks noch nicht merkbar eingesetzt hat). In der Regel bewegen sich die Veränderungsbemühungen zwischen zwei Extremen (Welten): entweder Unternehmen erstarren in Trägheit und verpassen es, Veränderungen rechtzeitig auf den Weg zu bringen. Oder: sie begeben sich in (manchmal gefährlichen) Aktionismus. Manchmal ist ein Unternehmen zu sehr in seinem

Blick auf bestehende Geschäfte, Technologien oder Kunden gefangen. Das „Gefangensein" in der eigenen Erfahrung bewirkt dann manchmal einen Mangel an kreativen (disruptiven) Ideen. „Die Angst vor Kannibalisierung, die bestehenden Incentive-Systeme, der Widerstand der existierenden Organisation an sich, all dies hat extrem gute Karten, Veränderung zu verhindern. Oft sind auch zahlreiche Baustellen gerade aufgerissen worden, wenn das Spiel schon wieder von vorne beginnt, das Veränderungskarussell sich zu drehen beginnt (oder immer weiter dreht). Mögliche Gefahren: zu viele Strategieinitiativen gleichzeitig, ein Initiativenchaos ohne Überblick, mangelnde Koordination, Burnout betroffener Mitarbeiter. D.h., eine Rolle spielt auch das Veränderungsklima. Es geht um eine Kultur der Kreativität und eine Atmosphäre ohne Angst und Druck. Das Unternehmen darf sich nicht zu einer gestressten Organisation entwickeln und muss immer über ausreichende Managementkapazität als kritische Ressource verfügen.

| Personalfaktor | | Faktoren 1-3 | | |
ID	Humanfaktoren	HK-1	HK-2	HK-3
HK-1	Beratungsstärke	■	3	3
HK-2	Fachkompetenz	0	■	2
HK-3	Konzeptionsstärke	0	1	■
HK-4	Innovationsfähigkeit	0	2	1
HK-5	Formulierungsstärke	2	1	2
HK-6	Problemlösungskompetenz	3	3	3

| Personalfaktor | | Faktoren 4-6 | | |
ID	Humanfaktoren	HK-4	HK-5	HK-6
HK-1	Beratungsstärke	1	2	3
HK-2	Fachkompetenz	3	1	3
HK-3	Konzeptionsstärke	0	2	3
HK-4	Innovationsfähigkeit	■	0	3
HK-5	Formulierungsstärke	0	■	0
HK-6	Problemlösungskompetenz	3	1	■

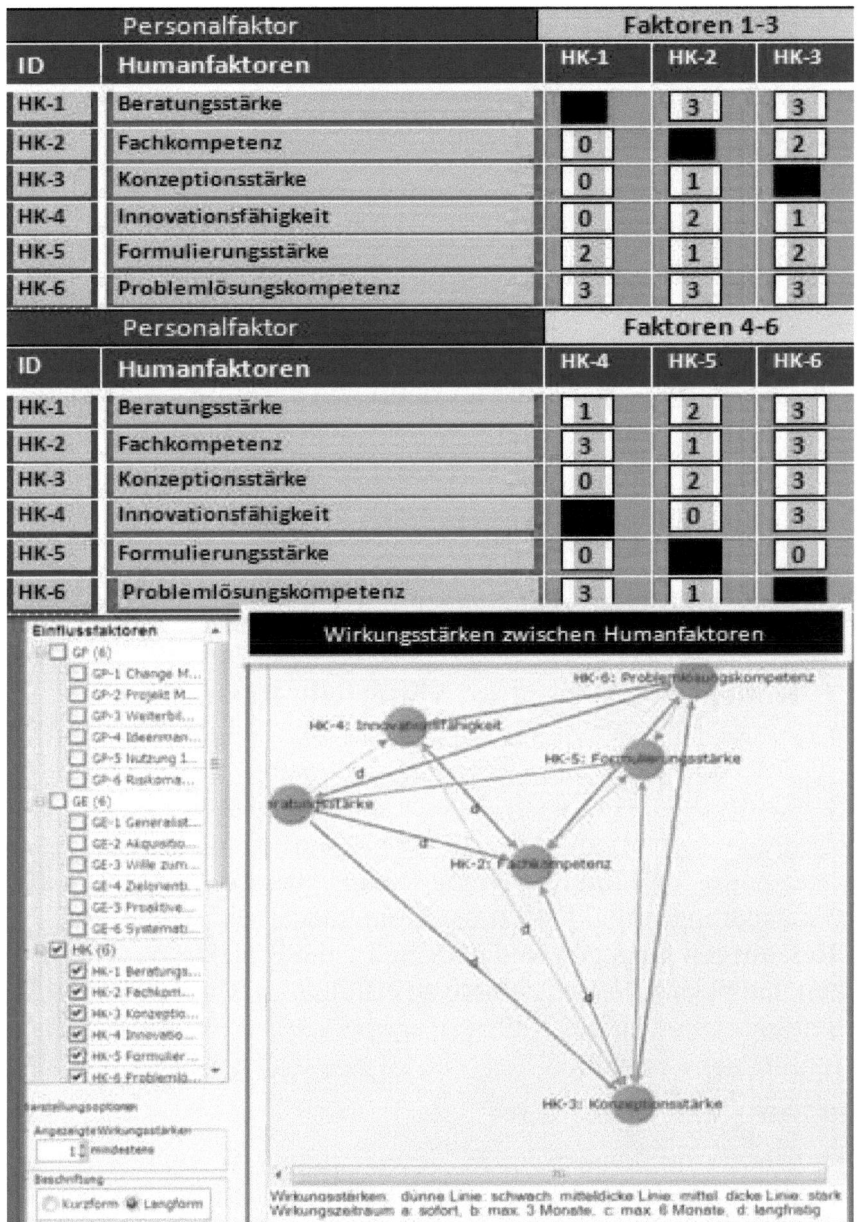

Wirkungsstärken zwischen Humanfaktoren

Wirkungsstärken: dünne Linie: schwach, mitteldicke Linie: mittel, dicke Linie: stark
Wirkungszeitraum: a: sofort, b: max. 3 Monate, c: max. 6 Monate, d: langfristig

Salve, lieber HOLA-Weggefährte,
Nichts ist mehr so wie es war

wenn wir einmal die allgegenwärtige KI fragen würden......

Was ist wichtiger: Kollektives Wissen oder materielle Ressourcen?
Führt zunehmende Komplexität zu Kontrollverlusten und Zielkonflikten?
Wie stark hängt der Erfolg im Beruf von dynamisch veränderten Qualifizierungsinhalten ab?

Antworten für Sie werden generiert...

:
Das sind sehr interessante Fragen! Lassen Sie uns diese nacheinander betrachten:

1. Kollektives Wissen vs. Materielle Ressourcen

Kollektives Wissen und materielle Ressourcen sind beide entscheidend, aber ihre Bedeutung kann je nach Kontext variieren- **Kollektives Wissen** bezieht sich auf das geteilte Wissen und die Erfahrungen einer Gruppe, was zu Innovation und Problemlösung beitragen kann[1]. Es ermöglicht eine bessere Anpassung an Veränderungen und fördert die Zusammenarbeit. **Materielle Ressourcen** hingegen sind notwendig, um Projekte zu realisieren und physische Bedürfnisse zu erfüllen. In einer Wissensgesellschaft wird jedoch oft argumentiert, dass Wissen und Information die wertvollsten Ressourcen sind, da sie langfristig nachhaltige Vorteile bieten[2].

2. Zunehmende Komplexität und Kontrollverluste

Zunehmende Komplexität kann tatsächlich zu Kontrollverlusten und Zielkonflikten führen. In einer komplexen Umgebung sind die Zusammenhänge oft intransparent und dynamisch, was die Entscheidungsfindung erschwert[3]. Unternehmen und Führungskräfte müssen daher Strategien entwickeln, um Komplexität zu managen, wie z.B. durch klare Kommunikation, Flexibilität und kontinuierliches Lernen[4]. Ein gutes Komplexitätsmanagement kann helfen, die Herausforderungen zu bewältigen und die Ziele trotz der Komplexität zu erreichen[5].

3. Erfolg im Beruf und dynamische Qualifizierungsinhalte

Der Erfolg im Beruf hängt zunehmend von der Fähigkeit ab, sich an veränderte Qualifizierungsinhalte anzupassen. In einer sich schnell verändernden Arbeitswelt sind kontinuierliche Weiterbildung und Anpassungsfähigkeit entscheidend[6]. Dynamische Qualifizierungsinhalte ermöglichen es Fachkräften, auf dem neuesten Stand zu bleiben und ihre Fähigkeiten an die aktuellen Anforderungen anzupassen[7]. Dies fördert nicht nur die individuelle Karriereentwicklung, sondern auch die Wettbewerbsfähigkeit von Unternehmen.

Möchten Sie tiefer in ein bestimmtes Thema eintauchen?
[1]: Kollektives Wissen: Wie Sie es zu Ihrem Vorteil nutzen können [2]: Wissen und Lernen in Unternehmen [3]: Die Bildung der Organisation. Zur Komplexitätsfähigkeit von Management und Führung [4]: Komplexität – eine Herausforderung für Unternehmen und Führungskräfte [5]: Komplexität erkennen, reduzieren und beherrschen [6]: Beruf, Berufslaufbahn

und Berufserfolg [7]: Big Five: So hängen Persönlichkeit und beruflicher Erfolg zusammen!

Welche Rolle spielt lebenslanges Lernen im Beruf? Antworten für Sie werden generiert…

Lebenslanges Lernen spielt eine entscheidende Rolle im modernen Berufsleben. Hier sind einige Gründe, warum es so wichtig ist:

1. Anpassungsfähigkeit

Die Arbeitswelt verändert sich ständig durch technologische Fortschritte und neue Arbeitsmethoden. Lebenslanges Lernen hilft Fachkräften, sich an diese Veränderungen anzupassen und relevant zu bleiben.

2. Karriereentwicklung

Durch kontinuierliche Weiterbildung können Sie neue Fähigkeiten erwerben, die Ihre Karrierechancen verbessern. Dies kann zu Beförderungen, neuen Jobmöglichkeiten und einer höheren Arbeitsplatzsicherheit führen.

3. Persönliche Entwicklung

Lebenslanges Lernen fördert nicht nur berufliche, sondern auch persönliche Entwicklung. Es hilft, das eigene Wissen zu erweitern, neue Interessen zu entdecken und die geistige Fitness zu erhalten.

4. Wettbewerbsfähigkeit

Unternehmen profitieren ebenfalls von Mitarbeitern, die sich kontinuierlich weiterbilden. Sie bleiben wettbewerbsfähig, indem sie innovative Lösungen entwickeln und effizienter arbeiten.

5. Netzwerken

Weiterbildungskurse und -programme bieten auch die Möglichkeit, neue Kontakte zu knüpfen und Netzwerke zu erweitern, was im Berufsleben von großem Vorteil sein kann.

Was sind die Trends im Bereich berufliche Weiterbildung?

Antworten für Sie werden generiert…

Im Bereich der beruflichen Weiterbildung gibt es einige spannende Trends, die die Art und Weise, wie wir lernen und uns weiterentwickeln, verändern. Hier sind einige der wichtigsten Trends:

1. Digitalisierung und E-Learning
Die Digitalisierung hat die Weiterbildung revolutioniert. E-Learning-Plattformen und Online-Kurse ermöglichen es, flexibel und ortsunabhängig zu lernen[1]. Dies hat besonders während der Corona-Pandemie an Bedeutung gewonnen.

2. Blended Learning
Blended Learning kombiniert traditionelle Präsenzveranstaltungen mit Online-Lernformaten. Diese hybride Form des Lernens bietet die Vorteile beider Welten und ermöglicht eine flexible und effektive Weiterbildung[2].

3. Microlearning
Microlearning bezieht sich auf das Lernen in kleinen, leicht verdaulichen Einheiten. Dies ist besonders nützlich für vielbeschäftigte Fachkräfte, die sich schnell neues Wissen aneignen möchten[3].

4. Personalisierung

Personalisierte Lernpfade, die auf die individuellen Bedürfnisse und Ziele der Lernenden zugeschnitten sind, gewinnen an Bedeutung. Dies wird oft durch KI-gestützte Systeme unterstützt, die Lerninhalte und -methoden anpassen[4].

5. Soft Skills und Future Skills

Neben technischen Fähigkeiten werden auch Soft Skills wie Kommunikation, Teamarbeit und Problemlösung immer wichtiger. Auch Future Skills wie Kreativität, Resilienz und Selbstorganisation stehen im Fokus[5].

6. Gamification

Gamification, also die Anwendung von Spielmechanismen im Lernkontext, macht das Lernen interaktiver und motivierender. Dies kann durch Punkte, Abzeichen oder Ranglisten geschehen[6].

7. Nachhaltigkeit

Es gibt einen wachsenden Trend hin zu nachhaltigen Weiterbildungsmaßnahmen, die nicht nur kurzfristig Wissen vermitteln, sondern langfristig Veränderungen und Verbesserungen bewirken[7].

Diese Trends zeigen, dass die berufliche Weiterbildung immer dynamischer und vielfältiger wird.

Was sind die Zukunftsfähigkeiten, die ich lernen sollte?

Antworten für Sie werden generiert…
:
Die Zukunftsfähigkeiten, auch bekannt als "Future Skills", sind Kompetenzen, die in den kommenden Jahren besonders wichtig

sein werden. Hier sind einige der wichtigsten Fähigkeiten, die Sie entwickeln sollten:

1. Analytisches Denken
Die Fähigkeit, komplexe Probleme zu analysieren und datenbasierte Entscheidungen zu treffen, wird immer wichtiger[1].

2. Kreatives Denken
Kreativität hilft dabei, innovative Lösungen zu finden und sich in einem sich ständig verändernden Umfeld anzupassen[2].

3. Technologische Kompetenz
Ein Verständnis für neue Technologien und deren Anwendung ist entscheidend, um in der digitalen Welt erfolgreich zu sein[3].

4. Resilienz, Flexibilität und Agilität
Die Fähigkeit, sich schnell an Veränderungen anzupassen und in stressigen Situationen standhaft zu bleiben, ist unerlässlich[4].

5. Neugier und Lebenslanges Lernen
Eine kontinuierliche Lernbereitschaft und Neugierde helfen dabei, stets auf dem neuesten Stand zu bleiben und sich weiterzuentwickeln[5].

6. Problemlösungskompetenz
Die Fähigkeit, Probleme effektiv zu identifizieren und zu lösen, ist in vielen Berufen von zentraler Bedeutung[2].

7. Emotionale Intelligenz
Das Verständnis und die Steuerung der eigenen Emotionen sowie das Einfühlungsvermögen gegenüber anderen sind wichtige soziale Fähigkeiten[2].

8. Interkulturelle Kompetenz

In einer globalisierten Welt ist es wichtig, kulturelle Unterschiede zu verstehen und effektiv mit Menschen aus verschiedenen Kulturen zusammenzuarbeiten[2].

Diese Fähigkeiten werden Ihnen helfen, sich in der sich schnell verändernden Arbeitswelt zurechtzufinden und erfolgreich zu sein.

KI-Ende

Ohne ein Roboter zu sein, könnte man als Mensch vielleicht meinen:

Fiktive Dialoge - ein paar Stunden Intensivcoaching
Denkanstöße
Wissensmanagement
Storytelling
Content
Inspiration
Diskurs
DecisionSupport
Gehirntraining - wenn es gut werden soll
Verstehen lernen
Vernetzt denken
Potenziale ausschöpfen
Komplexität reduzieren

Gestaltbar machen
Wissen transferieren
Proaktiv agieren

Executive Coaching
Denkstudio für strategisches Wissensmanagement

Das Entscheidungsumfeld ist laufenden Veränderungen unterworfen: durch die Globalisierung erweiterte Wirtschaftsräume, durch das Internet neue Interaktions- und Veränderungsdynamiken. Kollektives Wissen und Kundenbeziehungen sind für die Wertentwicklung von Unternehmen wichtiger als materielle Ressourcen (Maschinen, Gebäude u.a.). Durch die multidimensionale Verflechtung zwischen Wirtschaft und Gesellschaft, gibt es immer weniger Ereignisse, die nicht in der einen oder anderen Form auch immer ein Unternehmen (direkt oder indirekt) tangieren würden. Keine Einzelperson verfügt über genug Wissen, um sämtliche Möglichkeiten einer solchen ungeheuren Komplexität noch sicher verstehen und kontrollieren zu können. Wer aber das umgebende Geschehen nicht mehr vollständig erfassen kann, muss Wissenslücken, Zielkonflikte und Kontrollverluste in Kauf nehmen. Auch die gültigen Rechnungslegungsvorschriften beruhen immer nur auf materiellen Vermögenswerten. Immaterielle Ressourcen sind (anders als klassische Kapitalarten und Bilanzaktiva) nicht monetär bewertbar. Das Intellektuelle Kapital beruht auf dem Wissen und Können, der Kreativität und Kooperationsbereitschaft von Menschen (und ist daher personengebunden). Es gibt keine Besitzrechte an nicht bewertbaren, personengebundenen Ressourcen. Die traditionellen Planungsmethoden und Managementberichte müssen daher auf die neuen Anforderungen des Informations- und Wissenszeitalter hin angepasst und ausgerichtet werden. Hierfür muss ein barrierefreier Austausch erfolgsrelevanter Informationen über funktionale Grenzen hinweg sichergestellt werden. Voraussetzung ist eine genaue und detaillierte Analyse aller zugrunde liegender Ursache-Wirkungs-Beziehungen. Es geht um die Fähigkeit, neues Wissen zu erkennen und zielführend verarbeiten zu können. Je komplexer sich dieses Umfeld darstellt desto mehr brauchen Entscheidungsträger Horizonte und Handlungsspielräume (kurzfristig Orientierte können leicht Entwicklungen übersehen, die frühzeitige Weichenstellungen erfordern).

Personalfaktor		Faktoren 1-3		
ID	Strukturfaktoren	SK-1	SK-2	SK-3
SK-1	Checklisten-Material	■	3	2
SK-2	Planungswissen, -material	1	■	1
SK-3	Eigene Business-Anwendungen	1	1	■
SK-4	Projekt-Dokumentationen	1	1	2
SK-5	Strategiewissen, -material	2	3	2
SK-6	CRM-Wissen, -material	3	3	3
Personalfaktor		Faktoren 4-6		
ID	Strukturfaktoren	SK-4	SK-5	SK-6
SK-1	Checklisten-Material	0	3	3
SK-2	Planungswissen, -material	0	3	3
SK-3	Eigene Business-Anwendungen	1	2	3
SK-4	Projekt-Dokumentationen	■	2	2
SK-5	Strategiewissen, -material	2	■	2
SK-6	CRM-Wissen, -material	3	3	■

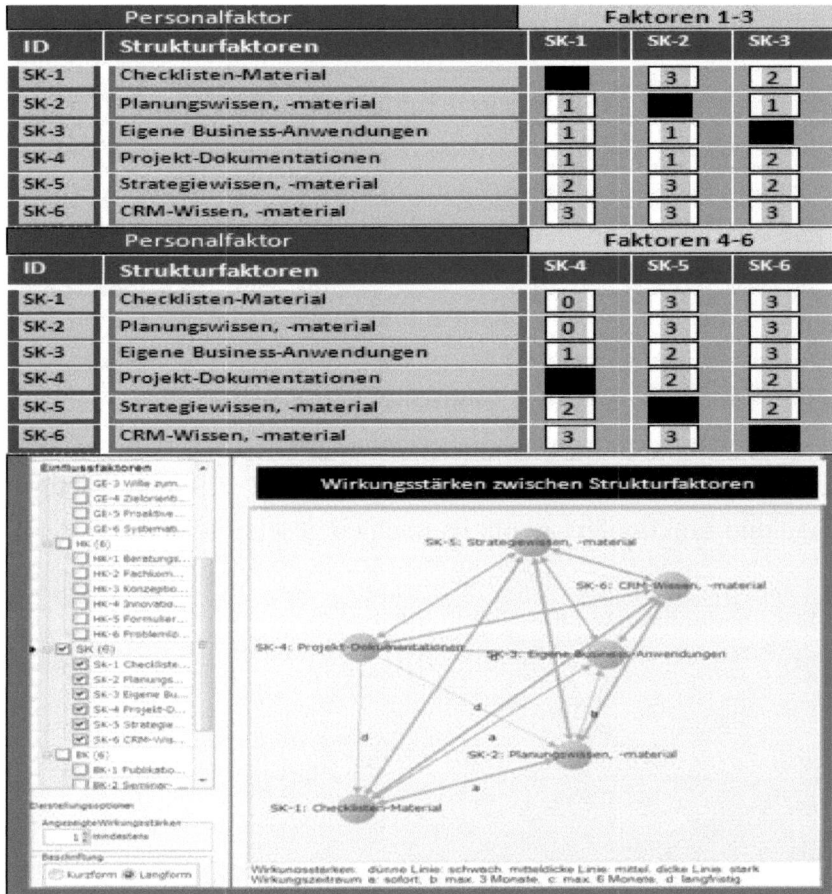

Informationslärm und Verarbeitungskapazität: mancher mag sich die Frage stellen, ob eine Informationsgesellschaft an zu vielen Informationen ersticken kann: was einst mit Lust am Experiment mit Digitalem begann hat mit großer Wucht Lebensgewohnheiten ganzer Gesellschaften verändert. Wenn Informationen allein aufgrund ihrer schier unfasslichen Menge zu einer Art von Abfall geworden sind, weiß man kaum noch, was damit zu tun ist. In einer Welt, in der in digitalen Netzwerken alle Aspekte gleichzeitig vorhanden und sofort abrufbar sind, in der jedermann sich seine eigenen Informationskanäle selbst konfiguriert, ist ein Kampf um Aufmerksamkeit entbrannt. Die digitale Revolution lässt sich nicht mehr umkehren: trotzdem laufen viele durch das Leben, als sei die Welt noch immer die alte. Die Schattenseiten dieser über alle hereinbrechenden Informationsschwemme: sie verzehrt Kräfte und lenkt Aufmerksamkeit ungefiltert in zahllose, teilweise auch fragwürdige Kanäle. Es schwinden Fähigkeit und Möglichkeiten des Einzelnen, derartige Informationsmengen zu beherrschen und zu verarbeiten: „das Immunsystem gegen Informationen scheint zusammengebrochen und funktioniert allenfalls noch eingeschränkt.

Personalfaktor		Faktoren 1-3		
ID	Beziehungsfaktoren	BK-1	BK-2	BK-3
BK-1	Publikationen, Veröffentlichungen	■	2	1
BK-2	Seminar- und Tagungsaktivitäten	1	■	2
BK-3	Mitarbeitergespräche, -beurteilungen	1	2	■
BK-4	Teamfähigkeit	1	1	3
BK-5	Key Account-Beziehungen	2	1	1
BK-6	Verhandlungsgeschick	1	0	2

Personalfaktor		Faktoren 4-6		
ID	Beziehungsfaktoren	BK-4	BK-5	BK-6
BK-1	Publikationen, Veröffentlichungen	0	2	0
BK-2	Seminar- und Tagungsaktivitäten	1	3	2
BK-3	Mitarbeitergespräche, -beurteilungen	3	1	1
BK-4	Teamfähigkeit	■	2	2
BK-5	Key Account-Beziehungen	0	■	3
BK-6	Verhandlungsgeschick	2	3	■

Wirkungsstärken zwischen Beziehungsfaktoren

Einflussfaktoren
- HK-1 Beratungs...
- HK-2 Fachkom...
- HK-3 Konzeptio...
- HK-4 Innovatio...
- HK-5 Formulier...
- HK-6 Problemlö...
- SK (6)
  - SK-1 Checkliste...
  - SK-2 Planungs...
  - SK-3 Eigene Bu...
  - SK-4 Projekt-O...
  - SK-5 Strategie...
  - SK-6 CRM-Wis...
- BK (6)
  - BK-1 Publikatio...
  - BK-2 Seminar-...
  - BK-3 Mitarbeite...
  - BK-4 Teamfähi...
  - BK-5 Key Acco...
  - BK-6 Verhandls...

Darstellungsoptionen

Angezeigte Wirkungsstärken
1 mindestens

Beschriftung
Kurzform Langform

Wirkungsstärken: dünne Linie schwach, mitteldicke Linie mittel, dicke Linie stark
Wirkungszeitraum a: sofort, b: max. 3 Monate, c: max. 6 Monate, d: langfristig

Verantwortung für strategisches Gut „Wissen"

Erfahrungen zum Wissensmanagement zeigen, dass der Erfolg zu 80 Prozent von den sogenannten „soft factors", d.h. Unternehmenskultur, den gelebten Werten und Normen der Organisation abhängig ist und nur zu etwa 20 Prozent von den genutzten Informations- und Kommunikationstechniken. Im Vergleich zu gut strukturierten Daten werden Wissen und Erfahrungen von Mitarbeitern in der Regel nicht explizit dargestellt. Genau diese Informationen sind aber für das Wissensmanagement von Bedeutung. Schwach strukturierte Prozesse, deren Ablauf nicht genau vorhersehbar ist, werden meist nur einmal in der gleichen Form durchgeführt. Gerade hierfür spielt die Erzeugung und Nutzung von Wissen die entscheidende Rolle.

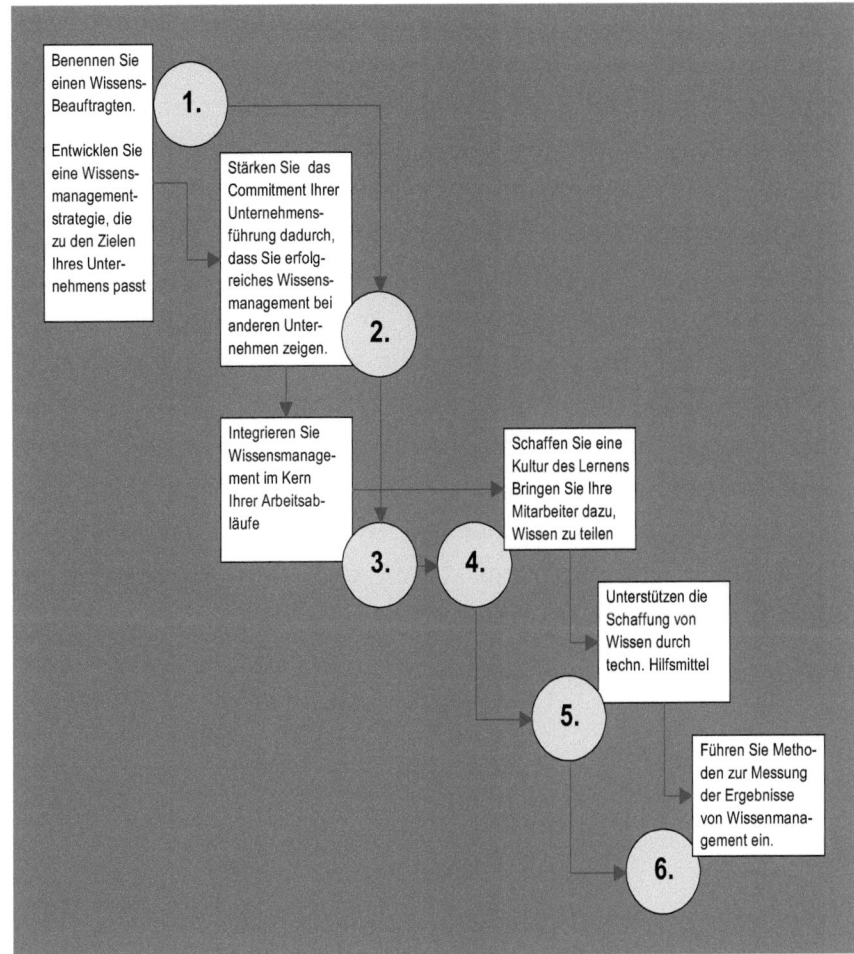

Knowledge Enabler und Knowledge Creator: um mit dem strategischen Gut „Wissen" richtig umzugehen sind folgende Rollen sinnvoll. Knowledge Enabler: ist für die nötigen Werkzeuge und

Methoden zuständig, um das für die Durchführung von Prozessen notwendige Wissen abrufen zu können, daraus eigenes Wissen abzuleiten und dieses Wissen über die gemeinschaftliche Wissensbasis wiederum anderen bereitzustellen. Knowledge Processor: ist die Nahstelle zwischen technischer Wissensbasis und Knowledge Enabler. Er setzt Informationen und Regeln so um, dass sie als Wissen im System vorgehalten werden können. Knowledge Creator: recherchiert im Markt nach zusätzlichen relevanten Informationen, die dann in die Wissensbasis eingeflochten werden. Knowledge Engineer: sammelt das vorhandene Informations- und Wissenspotential der Mitarbeiter und erzeugt strukturiertes Wissen, indem er für einzelne Prozesse verbindliche Regeln aufstellt. Knowledge Broker: stellt das Wissen in Form eines Abfragesystems bereit und bietet darüber hinaus allgemein zugängliches Unternehmenswissen.

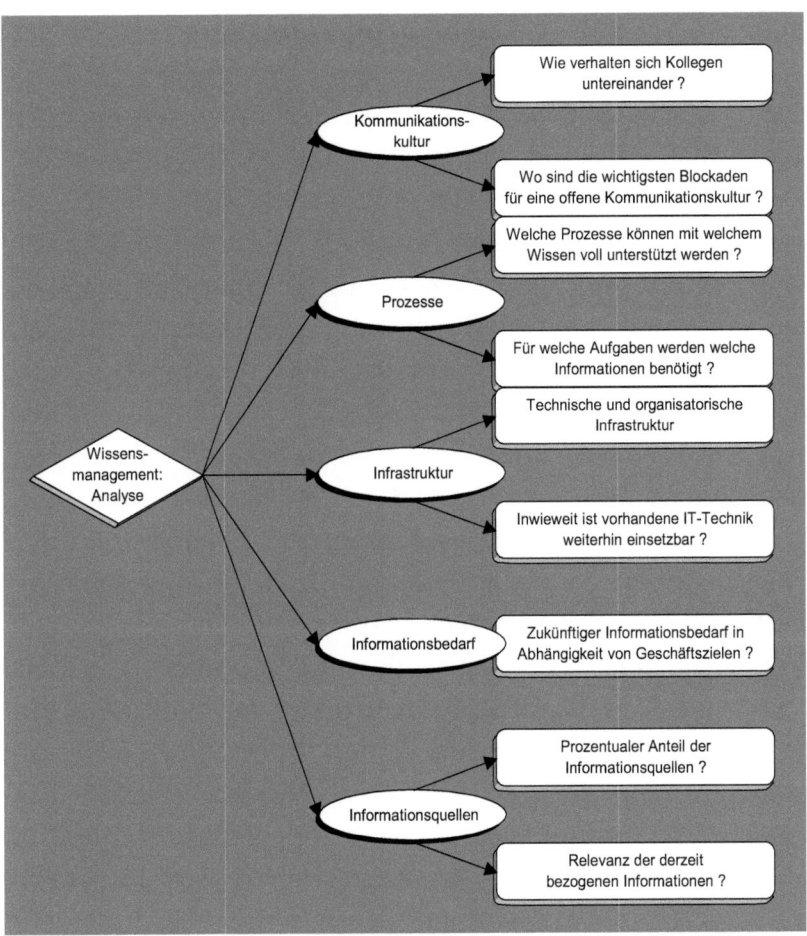

Dynamisch veränderte Qualifizierungsinhalte

Auch das Personalmanagement unterliegt einem dynamischen Wandel und Anpassungsdruck: insbesondere der Umgang mit Wissen als Ressource wird für die Zukunft immer mehr zum entscheidenden Erfolgsfaktor, d.h. die Wettbewerbsfähigkeit eines Unternehmens wird vom bewussten und gezielten Umgang mit diesem immateriellen Rohstoff abhängen. Wissen manifestiert sich sowohl in internen Kommunikationsnetzwerken, dem „Unternehmensgedächtnis", als auch im Verbund mit externen Kooperationspartnern. Es wird immer mehr darauf ankommen, dass man wissensgestützte Produkte und Dienstleistungen nutzt, denn der Marktwert heutiger Produkte und Dienstleistungen basiert zu einem immer größeren Teil auf deren Informationsgehalt. Dabei werden verschiedene Entwicklungsstufen durchlaufen: von der Daten- über die Informations- bis hin zur höchsten Wissensstufe. Die veränderten Inhalte der Qualifizierungsmaßnahmen stellen die in den Unternehmen personalverantwortlichen Manager, Trainer und Lehrer ebenfalls vor veränderte Herausforderungen. Während im gesamten Aus- und Weiterbildungsbereich die Vermittlung von Wissen und kognitive Fähigkeiten im Vordergrund stehen, werden bei der praktischen Umsetzung dieses erlernten Wissens auch persönliche, soziale und kommunikative Kompetenz benötigt. Sämtliche Stufen der Aus- und Weiterbildung sollten daher verstärkt auf diese „softfacts" eingehen.

Zwischen Informationsproduzenten und -konsumenten werden neue Interaktionsformen realisiert. Es geht um die Lösung der Fragen: wie können Unternehmen mit der Dynamik des sie umgebenden Umfeldes mithalten ? aus welchen individuellen und kollektiven Wissensbeständen setzt sich die Wissensbasis zusammen, auf die ein Unternehmen zur Lösung seiner Aufgaben zurückgreifen kann ? besitzen die Mitarbeiter die notwendigen Fähigkeiten, um das vorhandene Informationsangebot produktiv nutzen zu können ? Wissen und Erfahrungen sind an Personen gebunden und daher können nur die Knowhow-Träger selbst diese Potenziale erschließen.

In der informationsbasierten Arbeitswelt finden gewaltige Umstrukturierungen statt. Die Entwicklung hin zur Informationsgesellschaft sorgt nicht nur für partielle Veränderungen, sondern kündigt bereits die künftige Gesellschaft an. Bei immer kürzeren Innovationszyklen wird die Qualität der Mitarbeiter zum strategischen Erfolgsfaktor. D.h. die Wettbewerbsfähigkeit eines Unternehmens hängt nicht zuletzt von der Fähigkeit der Mitarbeiter ab, wie schnell diese auf neue Entwicklungen zu reagieren in der Lage sind. Die Halbwertzeit des Wissens sinkt dramatisch ab: d.h. ohne regelmäßiges Aktualisieren und Auffrischen könnte wertvolles Knowhow in kürzester Zeit nur noch die Hälfte wert sein.

Wissensmanagement umfasst alle Maßnahmen, die auf eine Ausweitung von Wissen oder auf eine verbesserte Nutzung gerichtet sind. Denn im Unternehmen verfügbare Wissensbestände erfüllen nur dann ihren Zweck, wenn durch sie das Aufgabenspektrum im beruflichen Kontext besser gelöst werden kann, d.h. das Unternehmen ist nicht nur an positiven Wissenszuwächsen an sich, sondern vielmehr daran interessiert, dass dieses Wissen auch an den Arbeitsplatz transferiert wird. Hierbei geht es um die Frage, welchen Beitrag zum Unternehmenserfolg der Erwerb von zusätzlichem Wissen erbringt.

Wissensmanagement soll die Problemlösungskapazität des Unternehmens aufgrund der vorhandenen Fähigkeiten und Praktiken erhöhen und durch gezielte Beeinflussung die Wissensbasis verbessern. Zu den Gestaltungsfeldern des Wissensmanagements zählen Wissensziele, Wissensidentifikation, Wissensbewertung und -messung, Wissenserwerb, Wissensentwicklung, Wissensspeicherung und Wissensnutzung und -verteilung:

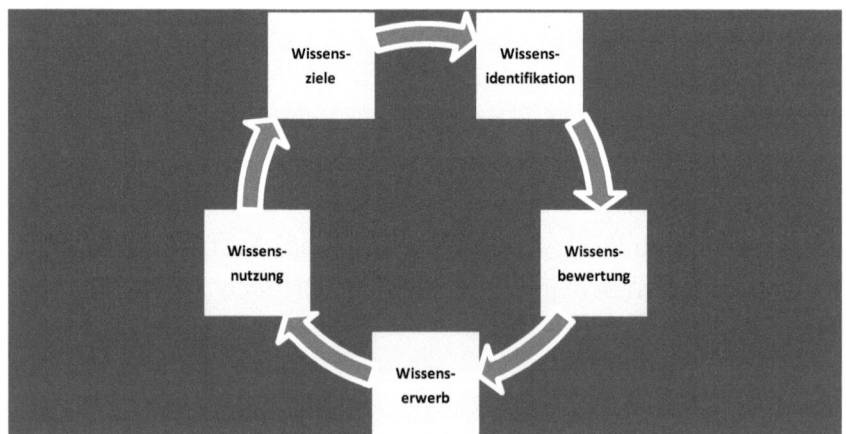

Salve, lieber HOLA-Weggefährte,
Nichts ist mehr so wie es war

wenn wir einmal die allgegenwärtige KI fragen würden……

Müssen beim Wissensmanagement konkrete Ziele für alle Gestaltungsfelder festgelegt werden?
Welche Rolle spielen Wissensziele für die Unternehmensziele?
Gibt es ein Auseinanderdriften von Spezialistentum mit ausgeprägtem Fachwissen einerseits und der Forderung nach unternehmerischem Denken und Handeln andererseits?

Antworten für Sie werden generiert…

Beim Wissensmanagement ist es tatsächlich wichtig, konkrete Ziele für alle Gestaltungsfelder festzulegen. Diese Ziele helfen dabei, den Fokus zu bewahren und sicherzustellen, dass alle Aspekte des Wissensmanagements effektiv abgedeckt werden. Ohne klare Ziele kann es schwierig sein, den Erfolg von Wissensmanagement-Initiativen zu messen und zu steuern[12]. Wissensziele spielen eine zentrale Rolle für die Unternehmensziele, da sie sicherstellen, dass das Wissen im Unternehmen optimal genutzt wird, um die strategischen und operativen Ziele zu erreichen. Wissensmanagement kann die Innovationskraft steigern, die Effizienz verbessern und Wettbewerbsvorteile schaffen[34]. Es ist also ein integraler Bestandteil der Unternehmensstrategie.

Es gibt tatsächlich eine Herausforderung, wenn es um das Auseinanderdriften von Spezialistentum mit ausgeprägtem Fachwissen und der Forderung nach unternehmerischem Denken und

Handeln geht. Spezialisten verfügen oft über tiefes Fachwissen in einem bestimmten Bereich, während unternehmerisches Denken und Handeln eine breitere Perspektive und die Fähigkeit erfordert, über den eigenen Fachbereich hinaus zu denken. Unternehmen müssen daher eine Balance finden und sowohl die Spezialisierung als auch das unternehmerische Denken fördern[56].

Welche Tools oder Methoden sind für effektives Wissensmanagement empfehlenswert?

Antworten für Sie werden generiert…

Für effektives Wissensmanagement gibt es eine Vielzahl von Tools und Methoden, die je nach den spezifischen Bedürfnissen und Zielen eines Unternehmens eingesetzt werden können. Hier sind einige der gängigsten und bewährtesten:

Tools

1. **Wissensdatenbanken**: Diese zentralisieren Informationen und machen sie leicht zugänglich. Beispiele sind Confluence, SharePoint und Notion[1].
2. **Dokumentenmanagementsysteme**: Diese helfen bei der Organisation und Speicherung von Dokumenten. Beispiele sind Google Drive und Microsoft OneDrive[1].
3. **Kollaborationstools**: Tools wie Slack, Microsoft Teams und Trello fördern die Zusammenarbeit und den Wissensaustausch innerhalb von Teams[1].
4. **E-Learning-Plattformen**: Diese bieten Schulungen und Weiterbildungen an. Beispiele sind Moodle und Coursera[1].

5. **Wikis**: Interne Wikis wie MediaWiki oder Atlassian Confluence ermöglichen es Mitarbeitern, Wissen zu teilen und gemeinsam zu bearbeiten[2].

Methoden

1. **Wissensmapping**: Diese Methode hilft dabei, das vorhandene Wissen im Unternehmen zu visualisieren und Lücken zu identifizieren[3].
2. **Communities of Practice**: Gruppen von Fachleuten, die sich regelmäßig treffen, um Wissen und Erfahrungen auszutauschen[3].
3. **Best-Practice-Sharing**: Das Teilen bewährter Verfahren und Methoden innerhalb des Unternehmens[3].
4. **Lessons Learned**: Nach Abschluss eines Projekts werden die gewonnenen Erkenntnisse dokumentiert und analysiert, um zukünftige Projekte zu verbessern[3].
5. **DeBono's Six Thinking Hats**: Eine Methode zur Förderung kreativen Denkens und zur Lösung von Problemen aus verschiedenen Perspektiven[3].

Diese Tools und Methoden können dazu beitragen, Wissen effektiv zu erfassen, zu speichern, zu teilen und zu nutzen, um die Unternehmensziele zu unterstützen und die Effizienz zu steigern.

Können Sie mehr über Wissensmapping erzählen?

Antworten für Sie werden generiert…
:
Gerne! Wissensmapping ist eine Methode, die dabei hilft, das vorhandene Wissen in einem Unternehmen zu visualisieren und

zu organisieren. Es ermöglicht, Wissenslücken zu identifizieren und die Verteilung von Wissen innerhalb der Organisation zu optimieren. Hier sind einige wichtige Aspekte des Wissensmappings:

Was ist Wissensmapping?

Wissensmapping ist der Prozess der Erstellung visueller Darstellungen von Wissen, Informationen und deren Beziehungen. Diese "Karten" helfen dabei, zu verstehen, wo Wissen vorhanden ist, wie es genutzt wird und wo es möglicherweise Lücken gibt.

Vorteile von Wissensmapping

1. **Transparenz**: Es schafft Klarheit darüber, welches Wissen vorhanden ist und wo es sich befindet.
2. **Identifikation von Wissenslücken**: Es zeigt auf, wo Wissen fehlt oder verbessert werden muss.
3. **Förderung der Zusammenarbeit**: Es erleichtert den Wissensaustausch und die Zusammenarbeit zwischen verschiedenen Abteilungen und Teams.
4. **Effizienzsteigerung**: Durch die Visualisierung von Wissen können Prozesse optimiert und redundante Arbeiten vermieden werden.

Schritte zum Erstellen eines Wissensmaps

1. **Zielsetzung**: Definieren Sie, was Sie mit dem Wissensmapping erreichen möchten.
2. **Daten sammeln**: Sammeln Sie Informationen und Wissen aus verschiedenen Quellen innerhalb des Unternehmens.

3. **Strukturierung**: Organisieren Sie die gesammelten Daten in Kategorien und Unterkategorien.
4. **Visualisierung**: Erstellen Sie eine visuelle Darstellung der Daten, z.B. in Form von Mindmaps, Diagrammen oder Flussdiagrammen.
5. **Analyse und Optimierung**: Analysieren Sie die Wissensmap, um Lücken zu identifizieren und Maßnahmen zur Verbesserung zu planen.

Tools für Wissensmapping

Es gibt verschiedene Tools, die beim Wissensmapping helfen können, darunter:

- **MindMeister**: Ein Online-Tool zur Erstellung von Mindmaps.
- **XMind**: Ein weiteres Mindmapping-Tool, das sowohl für Einzelpersonen als auch für Teams geeignet ist.
- **Lucidchart**: Ein Diagramm-Tool, das sich gut für die Visualisierung komplexer Informationen eignet.

Wissensmapping kann ein mächtiges Werkzeug sein, um das Wissen in Ihrem Unternehmen besser zu verstehen und zu nutzen.

KI-Ende

Ohne ein Roboter zu sein, könnte man als Mensch vielleicht meinen:

Fiktive Dialoge - ein paar Stunden Intensivcoaching
Denkanstöße
Wissensmanagement
Storytelling
Content
Inspiration
Diskurs
DecisionSupport
Gehirntraining - wenn es gut werden soll
Verstehen lernen
Vernetzt denken
Potenziale ausschöpfen
Komplexität reduzieren
Gestaltbar machen
Wissen transferieren
Proaktiv agieren

Executive Coaching
Denkstudio für strategisches Wissensmanagement

Wissensziele: stimmen die Aktivitäten des Personalmanagements auf die Gesamtziele des Unternehmens ab, u.a. durch Festlegung konkreter Ziele für alle Gestaltungsfelder. Um im Fähigkeitenwettbewerb bestehen zu können, müssen Kompetenzen aufgebaut und weiterentwickelt werden, Wissensvorsprünge müssen in konkrete Nutzungsstrategien umgesetzt werden. Fragen: welches Wissen ist heute und welches morgen entscheidend für Geschäftserfolge? worin liegen Sinn und Notwendigkeit von Wissenszielen? welches sind die besonderen Herausforderungen bei der Definition von Wissenszielen? ist bekannt, wo und wie stark die Hebelfähigkeiten des vorhandenen Wissens angesetzt werden können? werden die allgemeinen Unternehmensziele in strategische und operative Wissensziele übersetzt? wird überprüft, inwieweit Wissensziele erreicht wurden?

Wissensidentifikation: hierbei geht es darum, intern bereits vorhandene Wissensbestände erst einmal zu erkennen und dann in systematisierter Form sicht- und greifbar darzustellen. Bisher nicht oder separat genutztes Wissen soll dem Unternehmen als Ganzes zugänglich gemacht werden, Mehrfachaufwand durch redundante Wissensentwicklung soll vermieden werden. In der heutigen Wirtschaftswelt herrscht kein Mangel an Informationen. Unternehmen stehen vielmehr vor dem Problem, einen Überblick über die um sie herum explosionsartig anschwellende Datenflut zu behalten. Wer im Wettbewerb erfolgreich agieren will, muss über vollständige Transparenz seiner vorhandenen Wissensbestände verfügen. Transparenz stellt sich nicht automatisch ein, sondern muss zielgerichtet und manchmal auch mühsam erarbeitet werden. Fragen: ist transparent, welches Expertenwissen in welcher Form, bei wem und wo bereits im Unternehmen vorhanden ist? welche Wissensbestände werden häufig genutzt und welche seltener?

ID	Einflussfaktor	1.	.....	n.	Aktiv-summe
GP-1	Leitbild und Unternehmensstrategie				39
GP-2	Innovationsmanagement				28
GP-3	Customer Relation Management				24
GP-4	Marketingcontrolling				21
GE-1	Image und Bekanntheitsgrad				20
GE-2	Marktattraktivität, Konkurrenz				26
GE-3	Entwicklungspotential, Konkurrenz				23
GE-4	Leistungsqualität				38
HK-1	Unternehmerische Kompetenz				46
HK-2	Ausbildung, Fachqualifikation				29
HK-3	Mitarbeiterzufriedenheit, Mitarbeitermotivation				23
HK-4	Wissensmanagement, -bilanzierung				40
SK-1	Informationssysteme, Anwendungen				23
SK-2	Planungs- und Controlling-Tools				20
SK-3	Frühwarn-, Risikokontrollsystem				22
SK-4	Standortfaktoren				31
BK-1	Kunden-, Lieferantenbeziehungen				25
BK-2	Unternehmenskommunikation				18
BK-3	Kompetenznetzwerke				21
BK-4	Logistikleistungen				19

Die vorher festgelegten Beurteilungskriterien werden mit einer Gewichtungskennziffer versehen. Durch die Multiplikation von Gewichtskennziffer mit o.a. Punktzahlen wird für die jeweiligen Bewertungskriterien eine nunmehr gewichtete Bewertungsziffer errechnet.

Errechnung Gewichtsfaktor x Note

Bewertungskriterium	Punktwerte 0-5 Abteilung					Ge-wicht	= Gewichtsfaktor x Note Abteilung				
	I	II	III	IV	V		I	II	III	IV	V
Unternehmen	3,0	2,5	2,0	5,0	4,5	3,0	9,0	7,5	6,0	15,0	13,5
Arbeitsinhalt und -umfang	4,5	3,5	3,0	4,0	3,5	5,0	22,5	17,5	15,0	20,0	17,5
Arbeitszeit u. pirvater Freiraum	3,5	3,0	5,0	4,0	4,0	5,0	17,5	15,0	25,0	20,0	20,0
Geschäftsreisen	3,0	2,0	2,5	3,5	4,0	3,5	10,5	7,0	8,8	12,3	14,0
Gehalt	4,0	3,5	4,5	2,5	3,5	5,0	20,0	17,5	22,5	12,5	17,5
Arbeitsbedingungen	4,0	4,0	3,0	3,0	4,0	4,5	18,0	18,0	13,5	13,5	18,0
Leistungsbeurteilung	4,5	3,5	4,5	3,0	2,5	3,5	15,8	12,3	15,8	10,5	8,8
Festlegung Zielsetzungen	4,0	4,0	4,5	3,0	3,0	3,0	12,0	12,0	13,5	9,0	9,0
Management, Führungsverhalten	4,0	2,0	2,0	3,5	4,0	2,0	8,0	4,0	4,0	7,0	8,0
Aus- und Weiterbildungsmöglichkeit	3,0	3,0	3,0	3,0	3,5	4,5	13,5	13,5	13,5	13,5	15,8
Qualität der Arbeit	3,0	2,0	3,5	3,5	3,0	3,5	10,5	7,0	12,3	12,3	10,5
Information, Kommunikation, Umfeld	3,5	4,0	4,0	2,0	3,0	2,5	8,8	10,0	10,0	5,0	7,5
SUMME							166,0	141,3	159,8	150,5	160,0

Werden für die Bewertung eine Vielzahl von Einzelkriterien innerhalb von Kriteriengruppen benotet und gewichtet, kann sich durch die reine Addition der hieraus errechneten Bewertungsziffern ein Ungleichgewicht ergeben. Es sollte daher noch eine zweite Beurteilungsstufe durchlaufen werden, bei der die Kriteriengruppen als Ganzes gewichtet und mit den relativierten Gruppenbewertungsziffern multipliziert werden. Die Addition dieser Werte ergibt eine Gesamtbewertungsziffer mit höherer Aussagekraft. Zweistufiges Gewichtungsschema

Bewertungskriterium	Punktwerte 0-5 Abteilung					Gewichtstufe in Prozent						
	I	II	III	IV	V	1.	2.	I	II	III	IV	V
Unternehmen	3,0	2,5	2,0	5,0	4,5	10		0,3	0,3	0,2	0,5	0,5
Arbeitsinhalt und -umfang	4,5	3,5	3,0	4,0	3,5	30		1,4	1,1	0,9	1,2	1,1
Arbeitszeit, priv. Freiraum	3,5	3,0	5,0	4,0	4,0	40		1,4	1,2	2,0	1,6	1,6
Geschäftsreisen	3,0	2,0	2,5	3,5	4,0	20		0,6	0,4	0,5	0,7	0,8
						100		3,7	2,9	3,6	4,0	3,9
1. Kriteriengruppe:							40	1,5	1,2	1,4	1,6	1,6
Gehalt	4,0	3,5	4,5	2,5	3,5	50		2,0	1,8	2,3	1,3	1,8
Arbeitsbedingungen	4,0	4,0	3,0	3,0	4,0	15		0,6	0,6	0,5	0,5	0,6
Leistungsbeurteilung	4,5	3,5	4,5	3,0	2,5	15		0,7	0,5	0,7	0,5	0,4
Festlegung Zielsetzungen	4,0	4,0	4,5	3,0	3,0	20		0,8	0,8	0,9	0,6	0,6
						100		4,1	3,7	4,3	2,8	3,3
2. Kriteriengruppe							10	0,4	0,4	0,4	0,3	0,3
Management, Führungsverhalten	4,0	2,0	2,0	4,5	4,0	10		0,4	0,2	0,2	0,5	0,4
Aus-, Weiterbildungsmöglichkeit	3,0	3,0	3,0	3,0	3,5	30		0,9	0,9	0,9	0,9	1,1
Qualität der Arbeit	3,0	2,0	3,5	3,5	3,0	30		0,9	0,6	1,1	1,1	0,9
Information, Kommunikation	3,5	4,0	4,0	2,0	3,0	30		1,1	1,2	1,2	0,6	0,9
						100		3,3	2,9	3,4	3,0	3,3
							50	1,6	1,5	1,7	1,5	1,6
GESAMTBEWERTUNG							100	3,5	3,0	3,5	3,4	3,5

Erfolgskonzept Value Development

Eine Mitarbeiterbefragung ist nicht mit der Veröffentlichung ihrer Ergebnisse beendet: denn die Mitarbeiter erwarten, dass ihre Aussagen zu Veränderungen führen. Zu kritischen Bereichen müssen sich deshalb weitere Untersuchungen anschließen und dann in erkennbare Verbesserungen umgesetzt werden. Wenn immer mehr Unternehmen eine Shareholder-Value-Zielsetzung verfolgen, so lässt sich diese letztlich nur über zufriedene und motivierte Mitarbeiter schaffen. Dem steht entgegen, dass das Konzept einseitig nur auf externe Kunden und Lieferanten eingeschränkt wird, d.h. interne Bezugsgruppen in ihrer Bedeutung für die Entwicklung des Shareholder Value unterschätzt werden. Value Development geht deshalb davon aus, dass der Shareholder Value zum großen Teil von den Mitarbeitern erarbeitet wird: im Mittelpunkt stehen die Leistungs- und Motivationspotenziale der Mitarbeiter.

Die Eigenmotivation, die weitgehend von der zu bearbeitenden Aufgabenstellung abhängig ist, tritt damit stärker in den Vordergrund der Analyse: Eignung lässt sich verbessern und trainieren, Neigung dagegen nicht. Das Konzept des Value Development versucht, die beiden Faktoren Eignung und Neigung stärker miteinander zu verbinden. D.h. das weitere Auseinanderdriften von Spezialistentum mit ausgeprägtem Fachwissen einerseits und der Forderung nach unternehmerischem Denken und Handeln andererseits muss durch die Bereitschaft, systematisch in Teamentwicklung und Projektmanagement zu investieren, verhindert werden.

Gelangen Spezialisten zu gemeinsamen Lösungen im Team, können dadurch nicht nur mögliche Konfliktpotentiale und Reibungsverluste abgebaut, sondern gleichzeitig auch zusätzliche Leistungsreserven mit hohem Wertschöpfungs-Charakter für die Entwicklung des Shareholder Value mobilisiert werden. Mitarbeiterbefragungen sind nicht zuletzt auch eine Feedback-Aktion für Führungskräfte. Die Schwierigkeit einer solchen Beurteilung „von unten" mit einer Konfrontation von unterschiedlichen Selbst- und Fremdbildern liegt darin, Mitarbeitern die Angst zu nehmen, dass ihre Aussagen negativ auf sie zurückfallen können.

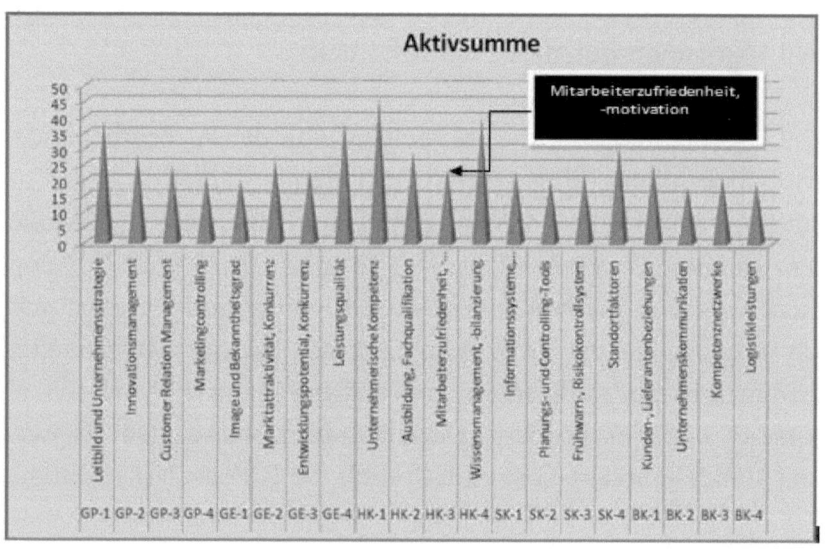

Das Einflussgewicht eines Faktors errechnet sich aus: Gesamtsumme aller Einzel-Aktivsummen sowie dem Prozent-Anteil der Aktivsumme eines Einzelfaktors an der Gesamtsumme für alle Faktoren. Die Wirkungsstärken in der vertikalen Spalte eines Faktors zeigen an, wie diesmal umgekehrt ein bestimmter Faktor immer wieder von einem anderen Faktor beeinflusst wird. Wenn man die Einzel-Stärken nunmehr vertikal aufaddiert, erhält man für jeden Faktor eine Passivsumme die anzeigt, in welchem Ausmaß der betreffende Faktor seinerseits vom Gesamtsystem, d.h. Gesamtunternehmen abhängt und passiv beeinflusst wird. Legt man beide Kurvenverläufe, d.h. den der Aktivsummen und den der Passivsummen übereinander, so lassen sich hieraus einige Rückschlüsse ziehen. D.h. hier wird anhand des bisherigen Verlaufs der Demo-Beispiele ein Tatbestand sichtbar, der in einem offensichtlichen Widerspruch zum Unternehmens-Alltag steht und der bei den Vorarbeiten vielleicht unzureichend eingeschätzt wurde, dass nämlich der Faktor „Mitarbeiterzufriedenheit und Mitarbeitermotivation" angeblich weder sehr stark und aktiv auf andere Faktoren einwirken noch seinerseits von diesen Faktoren in großem Umfang beeinflussbar sein würde:

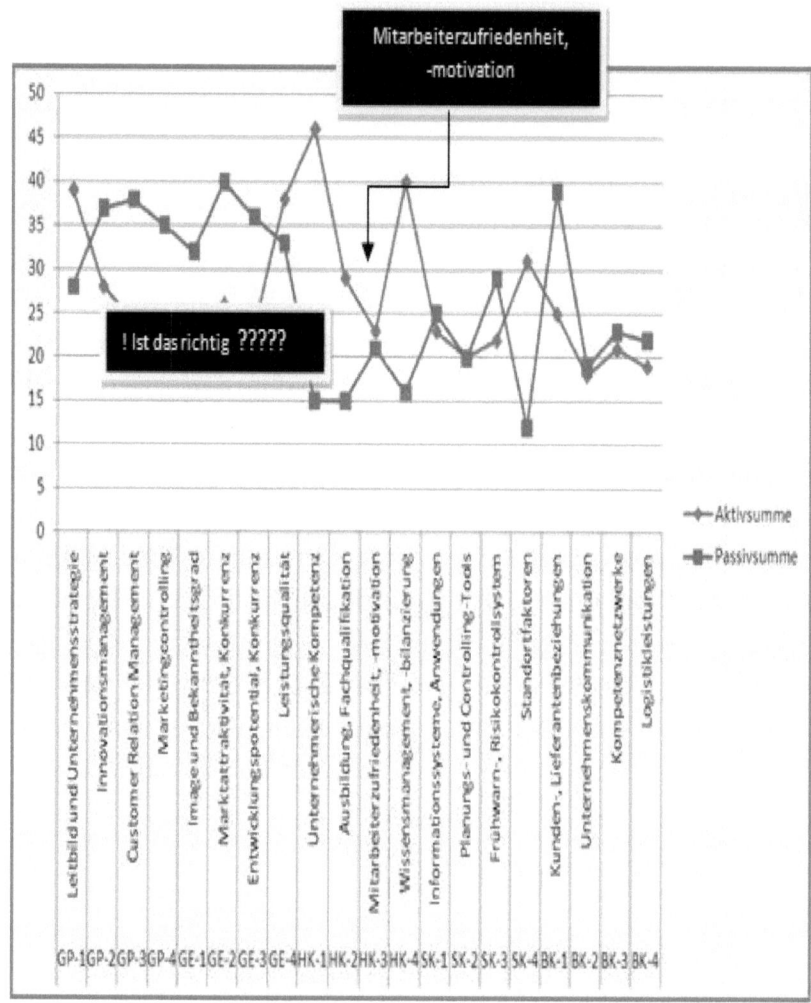

Salve, lieber HOLA-Weggefährte,
Nichts ist mehr so wie es war

wenn wir einmal die allgegenwärtige KI fragen würden......

Ist auch eine Potentialanalyse Teil eines Mitarbeitergesprächs?
Wie kann eine Mitarbeiterbewertung mit dem Instrument einer Portfolio-Darstellung erfolgen?
Wie können mit einer Portfolio-Darstellung Handlungsempfehlungen generiert werden?

Antworten für Sie werden generiert...

:
Ja, eine Potenzialanalyse kann ein wichtiger Bestandteil eines Mitarbeitergesprächs sein. Sie dient dazu, die Fähigkeiten, Stärken und Entwicklungsmöglichkeiten eines Mitarbeiters zu identifizieren und zu fördern[12]. Dies hilft nicht nur bei der individuellen Entwicklung des Mitarbeiters, sondern auch bei der strategischen Personalplanung des Unternehmens.

Mitarbeiterbewertung mit Portfolio-Darstellung

Eine Portfolio-Darstellung, oft als Personalportfolio bezeichnet, ist ein Instrument des Personalmanagements, das die Mitarbeiter nach ihrer Leistung und ihrem Potenzial einordnet[3]. Hier sind die Schritte, wie eine solche Bewertung erfolgen kann:

1. **Daten sammeln**: Sammeln Sie Informationen über die Leistung und das Potenzial der Mitarbeiter. Dies kann durch Leistungsbeurteilungen, Feedback von Kollegen und Vorgesetzten sowie durch Selbstbewertungen erfolgen.

2. **Kriterien festlegen**: Definieren Sie klare Kriterien für die Bewertung. Diese können fachliche Kompetenzen, soziale Fähigkeiten, Innovationskraft und andere relevante Faktoren umfassen.
3. **Portfolio erstellen**: Platzieren Sie die Mitarbeiter in einem Koordinatensystem, wobei eine Achse die Leistung und die andere das Potenzial darstellt. Dies ermöglicht eine visuelle Darstellung der Position jedes Mitarbeiters.
4. **Analyse und Interpretation**: Analysieren Sie die Positionen der Mitarbeiter im Portfolio. Mitarbeiter mit hoher Leistung und hohem Potenzial sind beispielsweise als „Stars" zu betrachten, während diejenigen mit niedriger Leistung und niedrigem Potenzial möglicherweise Unterstützung benötigen.

Handlungsempfehlungen aus der Portfolio-Darstellung

Aus der Portfolio-Darstellung können verschiedene Handlungsempfehlungen abgeleitet werden:

- **Förderung und Entwicklung**: Identifizieren Sie Mitarbeiter mit hohem Potenzial und bieten Sie ihnen gezielte Entwicklungsprogramme an, um ihre Fähigkeiten weiter zu stärken.
- **Leistungssteigerung**: Entwickeln Sie Maßnahmen zur Leistungssteigerung für Mitarbeiter, die Potenzial zeigen, aber derzeit nicht die erwartete Leistung erbringen.
- **Karriereplanung**: Nutzen Sie die Informationen aus dem Portfolio, um Karrierewege und Beförderungen zu planen. Mitarbeiter mit hoher Leistung und hohem Po-

tenzial können für Führungspositionen in Betracht gezogen werden.

- **Unterstützung und Coaching**: Bieten Sie gezielte Unterstützung und Coaching für Mitarbeiter an, die in bestimmten Bereichen Schwächen zeigen, aber Potenzial zur Verbesserung haben.

Diese Ansätze helfen dabei, die Mitarbeiter optimal einzusetzen und ihre Entwicklung im Einklang mit den Unternehmenszielen zu fördern[3].

Wie kann ich als Mitarbeiter mein Portfolio gestalten?

Antworten für Sie werden generiert…

Ein eigenes Portfolio zu gestalten kann eine großartige Möglichkeit sein, Ihre Fähigkeiten, Leistungen und Potenziale zu präsentieren. Hier sind einige Schritte, die Ihnen dabei helfen können:

Schritte zur Erstellung eines Mitarbeiterportfolios

1. **Selbstbewertung**:
   - **Stärken und Schwächen**: Reflektieren Sie über Ihre Stärken und Schwächen. Was sind Ihre größten Erfolge? Wo sehen Sie Verbesserungspotenzial?
   - **Ziele**: Definieren Sie Ihre beruflichen Ziele. Wo möchten Sie in den nächsten Jahren stehen?
2. **Leistungserfassung**:
   - **Projekte und Erfolge**: Dokumentieren Sie wichtige Projekte, an denen Sie gearbeitet haben, und

Ihre Erfolge. Fügen Sie konkrete Zahlen und Ergebnisse hinzu, wenn möglich.
- o **Feedback**: Sammeln Sie Feedback von Kollegen, Vorgesetzten und Kunden. Positive Rückmeldungen können Ihre Leistungen untermauern.

3. **Kompetenzen und Fähigkeiten**:
- o **Fachliche Kompetenzen**: Listen Sie Ihre fachlichen Fähigkeiten auf, z.B. technische Kenntnisse, Sprachkenntnisse oder spezifische Fachkenntnisse.
- o **Soziale Kompetenzen**: Betonen Sie auch Ihre sozialen Fähigkeiten wie Teamarbeit, Kommunikation und Führung.

4. **Weiterbildung und Entwicklung**:
- o **Fortbildungen**: Dokumentieren Sie absolvierte Fortbildungen, Kurse und Zertifikate.
- o **Entwicklungsmaßnahmen**: Beschreiben Sie, wie Sie sich kontinuierlich weiterentwickeln und welche Maßnahmen Sie ergreifen, um Ihre Fähigkeiten zu verbessern.

5. **Visualisierung**:
- o **Grafiken und Diagramme**: Nutzen Sie Grafiken und Diagramme, um Ihre Leistungen und Entwicklungen visuell darzustellen. Ein einfaches Beispiel ist ein Balkendiagramm, das Ihre Fortschritte in verschiedenen Bereichen zeigt.
- o **Portfolio-Darstellung**: Erstellen Sie eine Portfolio-Darstellung, in der Sie Ihre Leistung und Ihr Potenzial in einem Koordinatensystem einordnen.

Tipps zur Präsentation

- **Klarheit und Struktur**: Achten Sie darauf, dass Ihr Portfolio klar und strukturiert ist. Verwenden Sie Überschriften und Absätze, um die Informationen übersichtlich zu gestalten.
- **Aktualität**: Halten Sie Ihr Portfolio stets aktuell. Fügen Sie neue Erfolge und Entwicklungen regelmäßig hinzu.
- **Individualität**: Gestalten Sie Ihr Portfolio individuell und authentisch. Es sollte Ihre Persönlichkeit und Ihre beruflichen Ziele widerspiegeln.

Ein gut gestaltetes Portfolio kann Ihnen helfen, Ihre Karriereziele zu erreichen und Ihre berufliche Entwicklung zu fördern. Viel Erfolg dabei!

Können Sie ein Beispiel für eine Portfolio-Darstellung zeigen?

Antworten für Sie werden generiert…

:
Natürlich! Hier ist ein einfaches Beispiel für eine Portfolio-Darstellung, die Sie als Vorlage verwenden können:

Beispiel für eine Portfolio-Darstellung

1. Selbstbewertung

- **Stärken**: Teamarbeit, Problemlösungsfähigkeiten, technisches Wissen
- **Schwächen**: Zeitmanagement, Präsentationsfähigkeiten
- **Ziele**: Führungskompetenzen entwickeln, Projektmanagement-Zertifizierung

2. Leistungserfassung

- **Projekte**:
    - ○ **Projekt A**: Implementierung eines neuen CRM-Systems, das die Effizienz um 20% steigerte
    - ○ **Projekt B**: Leitung eines Teams von 5 Personen zur erfolgreichen Markteinführung eines neuen Produkts
- **Erfolge**:
    - ○ **Auszeichnung**: Mitarbeiter des Monats (Juni 2023)
    - ○ **Feedback**: „Hervorragende Zusammenarbeit und innovative Lösungen" – Vorgesetzter

3. Kompetenzen und Fähigkeiten

- **Fachliche Kompetenzen**:
    - ○ Programmiersprachen: Python, Java
    - ○ Datenanalyse: Excel, SQL
- **Soziale Kompetenzen**:
    - ○ Kommunikation: Effektive schriftliche und mündliche Kommunikation
    - ○ Führung: Teamleitung und Konfliktlösung

4. Weiterbildung und Entwicklung

- **Fortbildungen**:
    - ○ Zertifikat in Projektmanagement (PMP)
    - ○ Kurs in Datenanalyse (Coursera)
- **Entwicklungsmaßnahmen**:
    - ○ Teilnahme an wöchentlichen Webinaren zu Führungskompetenzen

     o   Mentoring-Programm für neue Mitarbeiter

5. Visualisierung

- **Grafiken und Diagramme**:
    - o **Leistungsdiagramm**: Ein Balkendiagramm, das die Fortschritte in verschiedenen Projekten zeigt
    - o **Portfolio-Darstellung**: Ein Koordinatensystem, das Leistung (x-Achse) und Potenzial (y-Achse) darstellt

KI-Ende

Ohne ein Roboter zu sein, könnte man als Mensch vielleicht meinen:

Fiktive Dialoge - ein paar Stunden Intensivcoaching
Denkanstöße
Wissensmanagement
Storytelling
Content
Inspiration
Diskurs
DecisionSupport
Gehirntraining - wenn es gut werden soll
Verstehen lernen
Vernetzt denken

Potenziale ausschöpfen
Komplexität reduzieren
Gestaltbar machen
Wissen transferieren
Proaktiv agieren

Executive Coaching
Denkstudio für strategisches Wissensmanagement

Ausbau zur Potentialanalyse

Wenden wir uns nunmehr unserem Ziel der Potentiale zu. Die Liste der Vorteile von potentialorientierten Mitarbeitergesprächen ist lang, und dies für beide Parteien, d.h. sowohl für Unternehmen und Vorgesetzten als auch für Mitarbeiter. Vielleicht können die nachfolgend dargestellten Umsetzungsinstrumente etwas dazu beitragen, vielleicht mancherorts noch bestehende Vorurteile oder ein Negativ-Image solcher Mitarbeitergespräche abzubauen. Die ganze Ausrichtung der Potentialorientierung führt weg von einem zumindest gefühlten Prüf-Charakter hin zu einer zukunftsbezogenen Chancenorientierung. Denn ihrem eigentlichen Kern nach sind Potentiale nichts anderes als Chancen für die Zukunft. Wer könnte ein größeres Interesse an der Wahrnehmung dieser Chancen haben als eben jene Teilnehmer am Mitarbeitergespräch? Je systematischer und transparent nachvollziehbar solche Chancen identifiziert werden können, desto größer sind die Glaubwürdigkeit und Akzeptanz des Verfahrens. Statt sonst oft verklausulierter Formulierungen können völlig

unvoreingenommen allseits gängige Analyseinstrumente angewendet werden. Wenn der Weg zu den Potentialen eines Mitarbeiters als richtig erkannt wird, vermeidet eine hierauf aufgebautes Mitarbeitergespräch nicht nur die Gefahr eines vielleicht in
bleibender Erinnerung haftenden Negativ-Erlebnisses, sondern
wird vielmehr gleichzeitig zu einem Führungs- wie auch Moti-
vationsinstrument.

Portfolio-Aufteilung der Personalfaktoren nach Handlungsempfehlungen:

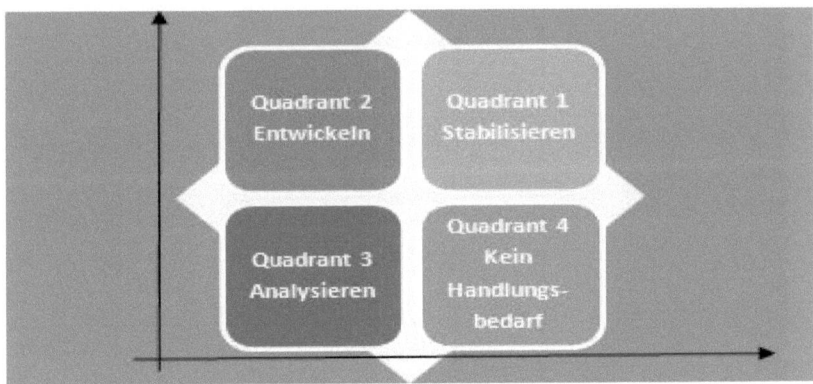

Dabei wird auf der horizontalen Achse eines Portfolios die Bewertung des jeweiligen Personalfaktors angezeigt. Dieser Wert
wird als Durchschnitt aus den drei Dimensionen „Quantität",
„Qualität" und „Systematik" ermittelt. Auf der zweiten vertikalen Achse des Tableaus wird das Einflussgewicht des Faktors

aufgetragen. Dies ermöglicht eine Zuordnung und Abgrenzung der Personalfaktoren nach unterschiedlichen Handlungsfeldern:

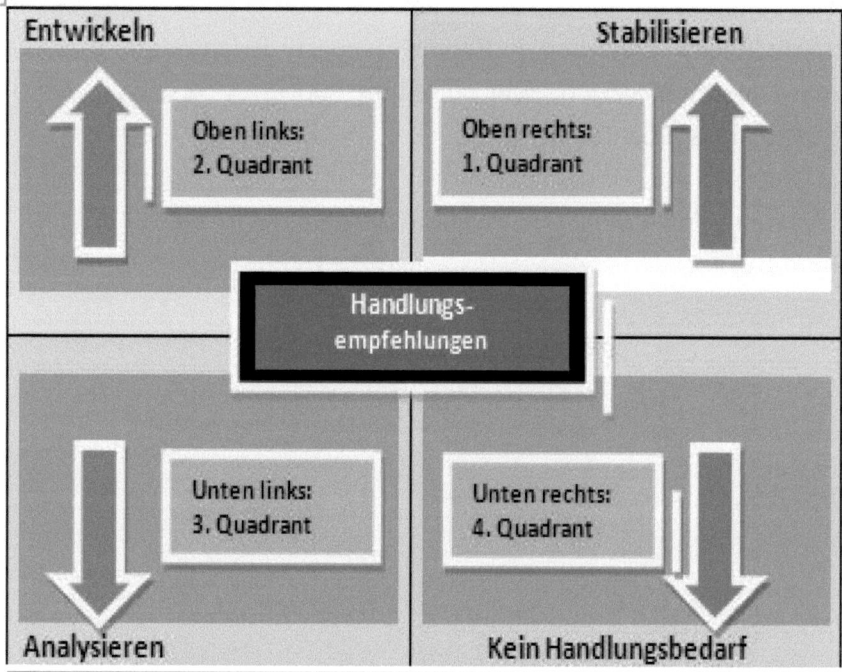

- Oben rechts 1. Quadrant = Stabilisieren (der Faktor hat ein relativ hohes Einflussgewicht und wurde relativ hoch bewertet)
- Oben links 2. Quadrant = Entwickeln (der Faktor hat ein relativ hohes Einflussgewicht, wurde aber relativ gering bewertet)
- Unten links 3. Quadrant = Analysieren (der Faktor hat ein relativ niedriges Einflussgewicht und wurde auch nur relativ gering bewertet)
- Unten rechts 4. Quadrant = Kein Handlungsbedarf (der Faktor hat ein relativ niedriges Einflussgewicht, wurde aber relativ hoch bewertet)

Aus den ermittelten Daten kann standardmäßig ein 4-Felder-Potentialportfolio entwickelt werden. Die Personalfaktoren werden entsprechend ihren zugrunde gelegten Bewertungen jeweils einer der vier Handlungsempfehlungen zugeordnet:

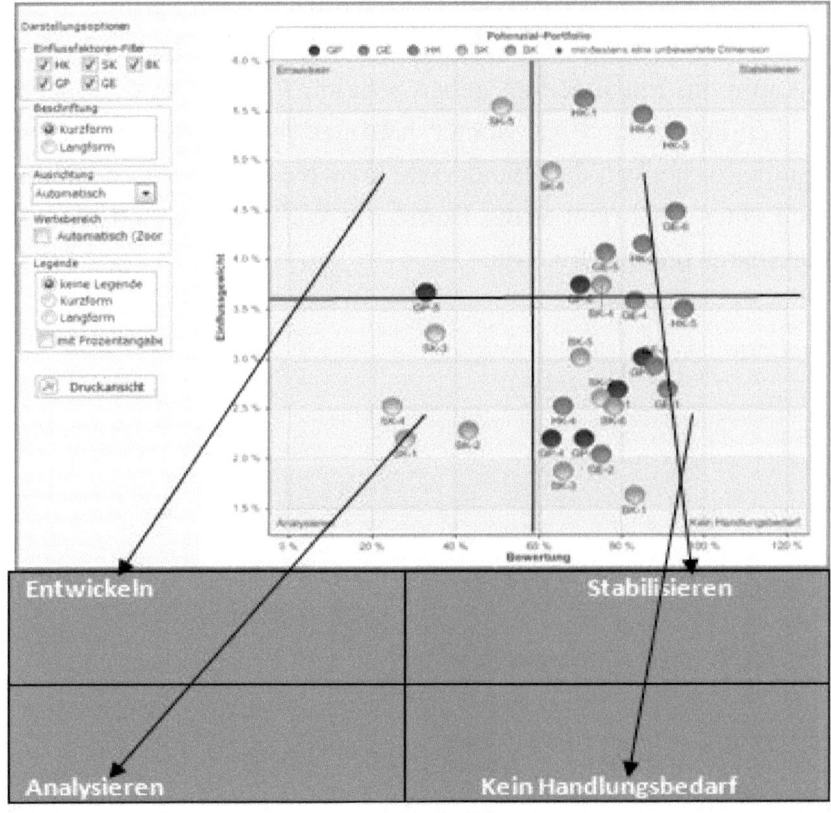

Suche nach Neuorientierung: wir sind mitten drin im Gewitter des digitalen Fortschritts. Und müssen uns die Frage stellen: Computer und Mensch – wer programmiert hier wen? Computersysteme bestimmen menschliches Verhalten, unsere Biographien u.a. und behandeln Menschen somit als Objekte. Damit wir in ein Raster berechenbarer Größen passen sind wir Reduktionen und Abstraktionen unterworfen: der Mensch wird auf die Summe seiner messbaren Attribute reduziert. Die digitale Denkart und Ökonomie sind hierbei einen Pakt eingegangen, aus dem es kaum ein Entrinnen zu geben scheint. Wenn man den hierzu im Feuilleton der FAZ immer häufiger publizierten Beiträgen Glauben schenken darf, sind viele kreative Köpfe auf der Suche nach einer Neuorientierung Damit die Welt nicht weiter nur auf Messbares reduziert werde

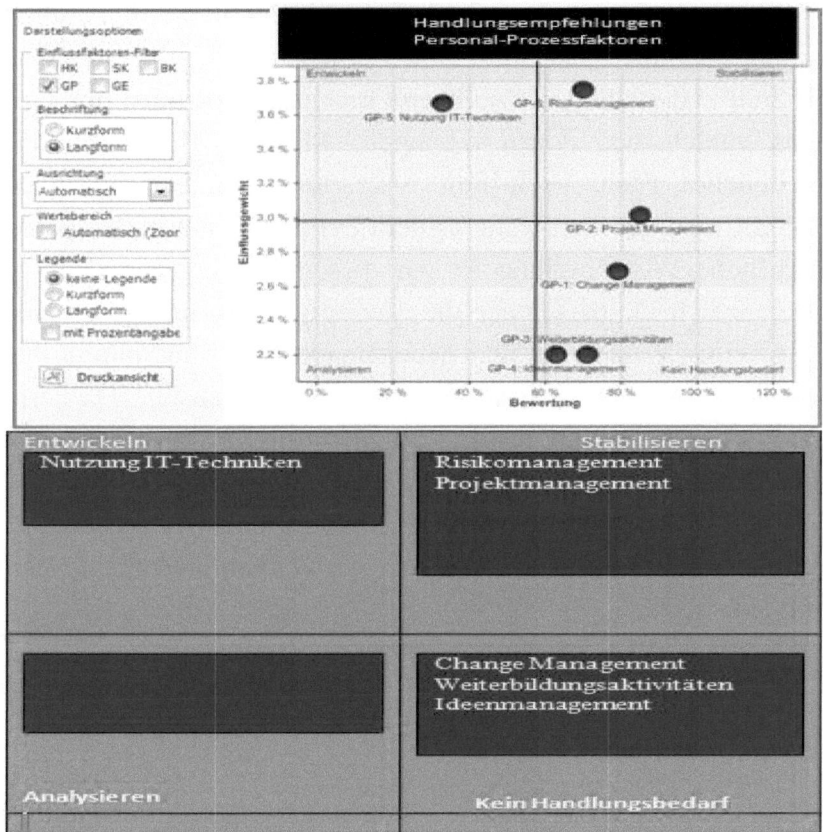

Selbstverantwortliche Weiterbildung: im Beruf Erfolg zu haben heißt immer auch, eigene Verantwortung für seinen Wissensstand zu tragen. Im Wissenserwerb und Wissenstransfer erlangte Kenntnisse und Fähigkeiten müssen möglichst zeitnah an Entwicklungen, technischen Fortschritt u.a. angepasst werden. Lernen ist aber mehr als berufliches Wissen zu aktualisieren. Lernen sollte die gesamte Wissensbilanz einer Person erweitern und verbreitern. Für den Lernerfolg ist ein geeignetes Lernumfeld wichtig und notwendig. Zeitliche und räumliche Flexibilität schaffen Möglichkeitsräume, das Lernen stärker selbst zu organisieren und steuern. Zu solchen Organisationsformen des Lernens zählen u.a. Veranstaltungen, Messen, Bildungsreisen, Fachbücher, Fachzeitschriften, E-Learning oder Fernunterricht. Gelernt wird, wo und wann es dem Lernenden am besten passt. Berufliche Weiterbildung ist vor diesem Hintergrund dadurch gekennzeichnet, dass jeder die Verantwortung für die Anpassung seines Wissens an den Arbeitsmarkt selbst übernimmt und somit auch das Lernen im Selbstmanagement ausübt. Da Fernunterricht auf Distanz erfolgt, Lernende und Trainer sich nicht im selben Raum, Ort oder sogar Land befinden, ist Disziplin und Eigenmotivation gefordert. Der Gewinn für den Lernenden: er kann sich alle Lerninhalte flexibel und zeitlich unabhängig beibringen.

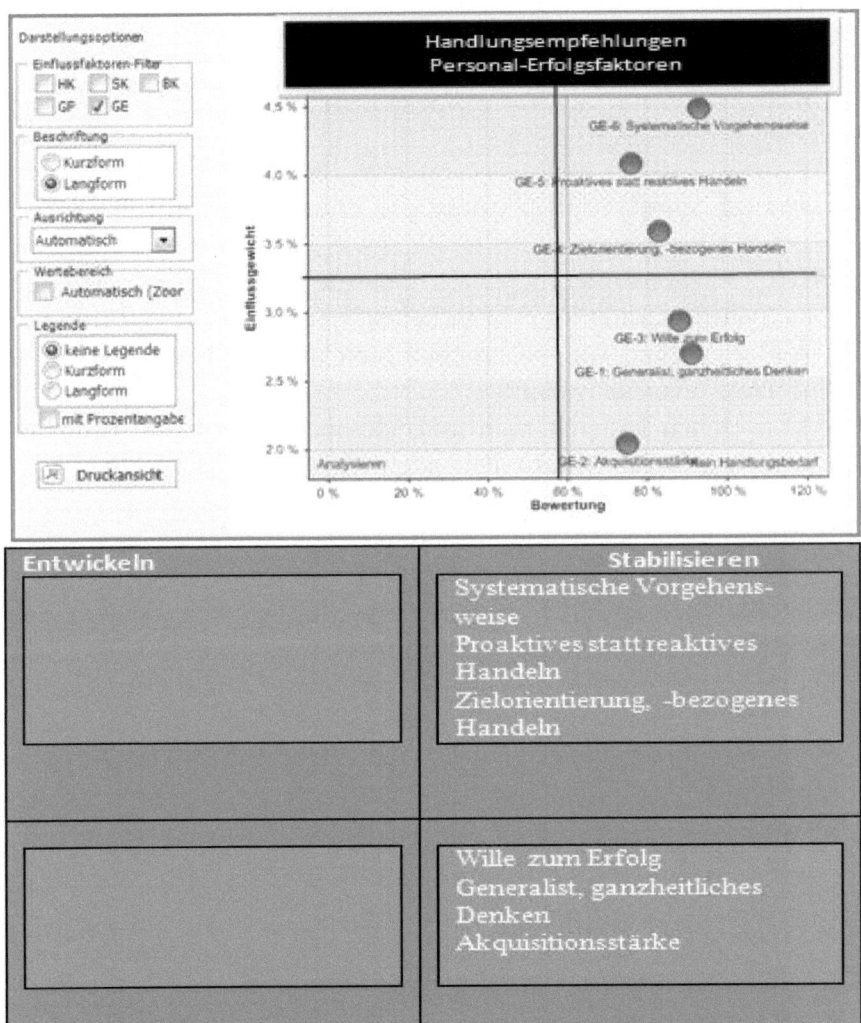

Salve, lieber HOLA-Weggefährte,
Nichts ist mehr so wie es war

wenn wir einmal die allgegenwärtige KI fragen würden......

Welche Maßnahmen ergreifen Unternehmen für die ganzheitliche Qualifizierung ihrer Mitarbeiter?
Welche Veränderungen ergeben sich aus der Entwicklung zur Informationsgesellschaft?
Mit welchen Instrumenten und Methoden werden Wissen und Erfahrungen von Mitarbeitern identifiziert und bilanziert?

Antworten für Sie werden generiert...

Unternehmen ergreifen verschiedene Maßnahmen, um die ganzheitliche Qualifizierung ihrer Mitarbeiter zu fördern. Hier sind einige gängige Ansätze:

1. **Weiterbildungsprogramme**: Unternehmen bieten regelmäßig Schulungen und Workshops an, um die Fähigkeiten und Kenntnisse ihrer Mitarbeiter zu erweitern[1].
2. **Mentoring und Coaching**: Erfahrene Mitarbeiter unterstützen weniger erfahrene Kollegen durch Mentoring- und Coaching-Programme[1].
3. **E-Learning-Plattformen**: Digitale Lernplattformen ermöglichen es den Mitarbeitern, flexibel und selbstgesteuert neue Fähigkeiten zu erlernen[1].
4. **Job Rotation**: Mitarbeiter wechseln regelmäßig ihre Aufgabenbereiche, um verschiedene Fähigkeiten und Perspektiven zu entwickeln[1].

Die Entwicklung zur Informationsgesellschaft hat tiefgreifende Veränderungen mit sich gebracht:

1. **Zugang zu Informationen**: Informationen sind leichter zugänglich und können schneller verbreitet werden[2].
2. **Neue Arbeitsmodelle**: Remote-Arbeit und flexible Arbeitszeiten sind durch digitale Technologien möglich geworden[2].
3. **Erhöhte Anforderungen an digitale Kompetenzen**: Mitarbeiter müssen ständig ihre digitalen Fähigkeiten erweitern, um mit den technologischen Entwicklungen Schritt zu halten[2].

Zur Identifizierung und Bilanzierung von Wissen und Erfahrungen der Mitarbeiter nutzen Unternehmen verschiedene Instrumente und Methoden:

1. **Wissensmanagementsysteme**: Diese Systeme erfassen, speichern und teilen das Wissen innerhalb des Unternehmens[3].
2. **Mitarbeiterbefragungen und Feedback**: Regelmäßige Befragungen und Feedbackrunden helfen, das Wissen und die Erfahrungen der Mitarbeiter zu dokumentieren[3].
3. **Kompetenzprofile**: Erstellung von Kompetenzprofilen, um die Fähigkeiten und Erfahrungen der Mitarbeiter systematisch zu erfassen[3].
4. **Wissensdatenbanken**: Zentralisierte Datenbanken, in denen Best Practices und Erfahrungsberichte gesammelt werden[3].

Was sind die Vorteile von E-Learning?

Antworten für Sie werden generiert…

:

E-Learning bietet zahlreiche Vorteile, die sowohl für Unternehmen als auch für Lernende attraktiv sind:

1. **Flexibilität**: Lernende können jederzeit und überall auf Lernmaterialien zugreifen, was besonders für berufstätige Personen von Vorteil ist.
2. **Individualisierung**: E-Learning ermöglicht es, den Lernprozess an die individuellen Bedürfnisse und das Lerntempo der Teilnehmer anzupassen.
3. **Kostenersparnis**: Unternehmen sparen Kosten für Reisekosten, Schulungsräume und gedruckte Materialien.
4. **Aktualität**: Lerninhalte können schnell und einfach aktualisiert werden, um den neuesten Entwicklungen und Anforderungen gerecht zu werden.
5. **Interaktivität**: Durch den Einsatz von Multimedia, interaktiven Übungen und Quizzen wird das Lernen abwechslungsreicher und motivierender.
6. **Zugänglichkeit**: E-Learning-Plattformen sind oft barrierefrei gestaltet und ermöglichen so auch Menschen mit Behinderungen den Zugang zu Bildungsinhalten.
7. **Nachhaltigkeit**: Der Verzicht auf gedruckte Materialien und die Reduzierung von Reisen tragen zur Schonung der Umwelt bei.

KI-Ende

Ohne ein Roboter zu sein, könnte man als Mensch vielleicht meinen:

Fiktive Dialoge - ein paar Stunden Intensivcoaching
Denkanstöße
Wissensmanagement
Storytelling
Content
Inspiration
Diskurs
DecisionSupport
Gehirntraining - wenn es gut werden soll
Verstehen lernen
Vernetzt denken
Potenziale ausschöpfen
Komplexität reduzieren
Gestaltbar machen
Wissen transferieren
Proaktiv agieren

Executive Coaching
Denkstudio für strategisches Wissensmanagement

Wissens- und Qualifizierungsmanagement

Wenn die Qualifizierungsmaßnahmen durch die betrieblichen Abläufe und Erfordernisse gestaltet werden und im Rahmen dieses Prozesses Training, Personal- und Organisationsentwicklung immer stärker verschmelzen, werden die Unternehmen zukünftig stärker auf integrierte Bildungs- und Entwicklungskonzepte setzen müssen, um eine ganzheitliche Qualifizierung einzelner Mitarbeitergruppen oder ganzer Bereiche zu erzielen. Gleichwohl wird der einzelne Mitarbeiter stärker als bisher gefordert sein. Nicht nur deswegen, weil eine kontinuierliche Weiterbildung aus eigenem Antrieb vorausgesetzt werden muss und der Mitarbeiter in Zukunft von sich aus mehr Freizeit für die eigene Qualifizierung investieren muss. In der informationsbasierten Arbeitswelt finden gewaltige Umstrukturierungen statt.

Die Entwicklung hin zur Informationsgesellschaft sorgt nicht nur für partielle Veränderungen, sondern kündigt bereits die künftige Gesellschaft an. Bei immer kürzeren Innovationszyklen wird die Qualität der Mitarbeiter zum strategischen Erfolgsfaktor. Die Wettbewerbsfähigkeit eines Unternehmens hängt nicht zuletzt von der Fähigkeit der Mitarbeiter ab, wie schnell diese auf neue Entwicklungen zu reagieren in der Lage sind. Die Halbwertzeit des Wissens sinkt dramatisch ab: d.h. ohne regelmäßiges Aktualisieren und Auffrischen könnte wertvolles Knowhow in kürzester Zeit nur noch die Hälfte wert sein. Wenn sich das Wissen der Menschheit alle fünf Jahre verdoppelt, ist es für die heutige „Lerngesellschaft" unzeitgemäß, Weiterbildung in erster Linie als Kostenbelastung und nicht als Investitionschance zu begreifen. Leistungsfähige Unternehmern zeichnen sich dadurch aus, dass sie schnell lernen können: jeder einzelne für sich wie auch im Team. Das bedeutet auch, dass es idealerweise eine Verknüpfung geben muss zwischen dem individuellen Lernen des einzelner Mitarbeiters und dem Lernen des Unternehmens. Als besonders wichtige Qualifikationen sind das „Denken in Zusammenhängen" und die „Gruppenorientierung/ Teamfähigkeit" anzusehen. Ziele für das Weiterbildungsmanagement:

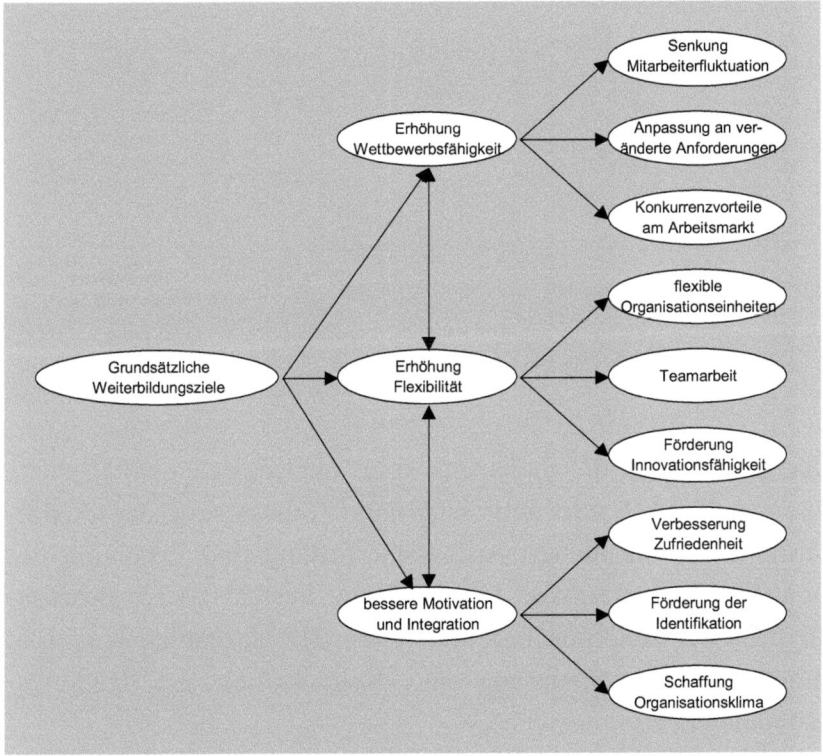

Insbesondere geht es darum, überkommene Hierarchien ab- und dafür eine effiziente Lernkultur aufzubauen. Potentielle Stärken lassen sich gezielter entwickeln, indem das vorhandene Wissen und die Ideen der Mitarbeiter schneller und effizienter in die tägliche Betriebspraxis umgesetzt werden:

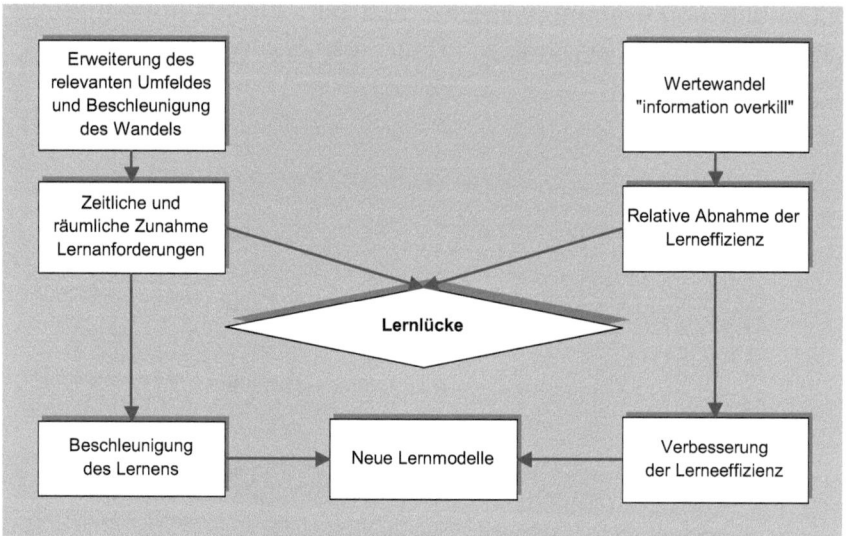

Oberstes Ziel ist die Sicherung eines qualifizierten Mitarbeiterstammes durch Nachwuchssicherung, Verbesserung der Qualifikation zur kompetenten Aufgabenerfüllung und Erhöhung des Qualifikationspotentials. Die Aufgabe besteht darin, Prozesse für die Qualifizierung bereitzustellen. Hierzu zählen u.a.: Planung, Analyse, Steuerung und Koordination der Bildungsmaßnahmen
Ermittlung der aktuellen Bildungskosten in Relation zum Bildungsnutzen

Organisation und Konzeption unternehmensinterner Weiterbildungsmaßnahmen
Lernberatung und Coaching von Mitarbeitern und deren direkten Vorgesetzten
Entwicklung von transferfördernden Maßnahmen
Marktbeobachtung von externen Dienstleistern im Bereich Weiterbildung
Bereitstellung von Lernmaterialien
Auswertung von Seminarbeurteilungen

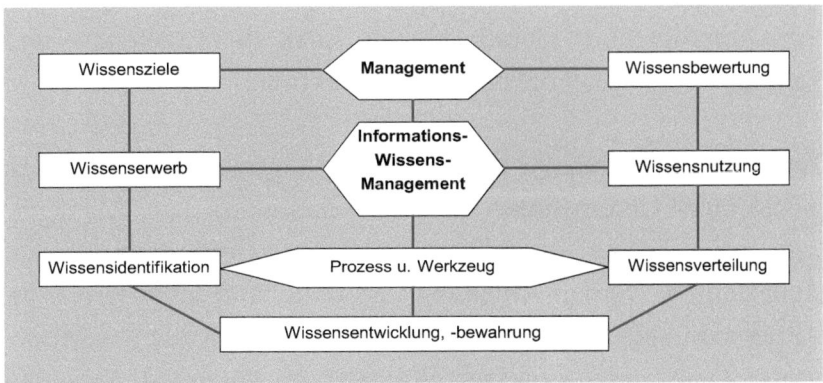

Vor der Wissensanwendung steht immer erst der notwendige Wissenserwerb. Aufgrund der Verschiebung vom Fakten- zum Zugriffswissen sowie vom Oberflächen- zum Konzeptwissen reicht die reine Wissensvermittlung auf Vorrat heute bei weitem nicht mehr aus. Wissensmanagement erfordert zunächst auf Führungsebene die Bewertung von im Unternehmen zirkulierenden Informationen.

Erfahrungen zum Wissensmanagement zeigen, dass der Erfolg zu 80 Prozent von den sogenannten „soft factors", d.h. Unternehmenskultur, den gelebten Werten und Normen der Organisation abhängig ist und nur zu etwa 20 Prozent von den genutzten Informations- und Kommunikationstechniken. Im Vergleich zu gut strukturierten Daten werden Wissen und Erfahrungen von Mitarbeitern in der Regel nicht explizit dargestellt. Genau diese Informationen sind aber für das Wissensmanagement von Bedeutung. Schwach strukturierte Prozesse, deren Ablauf nicht genau vorhersehbar ist, werden meist nur einmal in der gleichen Form durchgeführt. Gerade hierfür spielt die Erzeugung und Nutzung von Wissen die entscheidende Rolle.

Die veränderten Inhalte der Qualifizierungsmaßnahmen stellen die in den Unternehmen personalverantwortlichen Manager, Trainer und Lehrer ebenfalls vor veränderte Herausforderungen. Mehr denn je werden Anleitung und Hilfe zum Selbstlernen im Mittelpunkt stehen: der Trainer übernimmt die Rolle des Moderators, Tutors oder Coaches. Während im gesamten Aus- und Weiterbildungsbereich die Vermittlung von Wissen und kognitiven Fähigkeiten im Vordergrund stehen, werden bei der praktischen Umsetzung dieses erlernten Wissens auch persönliche, soziale und kommunikative Kompetenz benötigt. Sämtliche und Stufen der Aus- und Weiterbildung sollten daher verstärkt auf diese „softfacts" eingehen

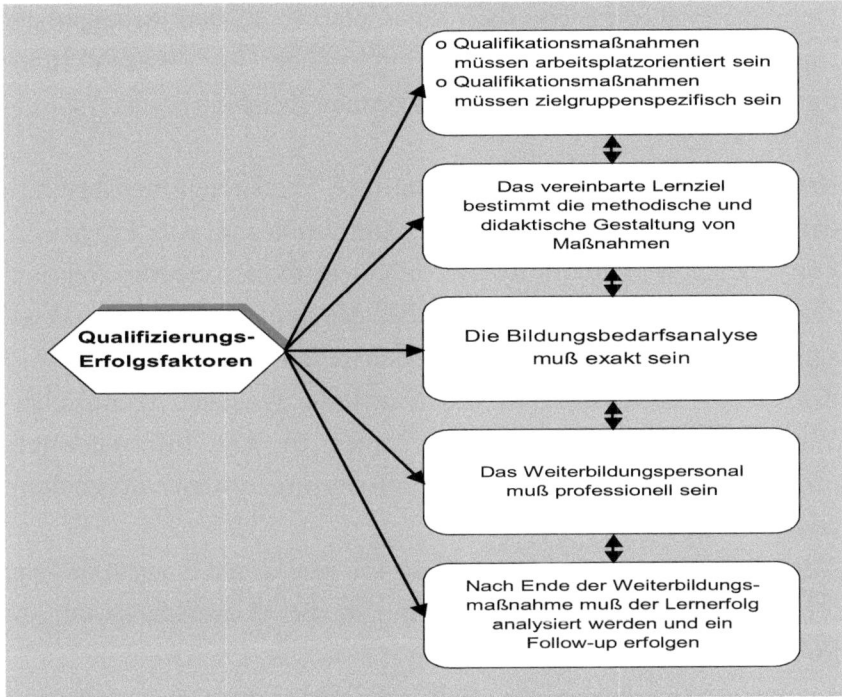

Bei der Ermittlung des Bildungsbedarfs ist festzulegen, welche Qualifikationen im Unternehmen verbessert werden müssen, um die heutigen Aufgaben optimal erfüllen zu können sowie den Fortbestand des Unternehmens zukünftig sichern zu können. Es sollte in einem Konzept analysiert werden, auf welche Weise die festgestellten Qualifizierungslücken gefüllt werden sollen: Qualifizierungsmaßnahmen erfüllen nur dann voll ihren Zweck, wenn durch das Gelernte dann auch das Aufgabenspektrum im beruflichen Kontext besser gelöst werden kann, d.h. das Unternehmen ist nicht nur an positiven Lernzuwächsen sondern vielmehr daran interessiert, dass das Gelernte an den Arbeitsplatz transferiert wird. Um mit dem strategischen Gut „Wissen" richtig umzugehen sind folgende Funktionen möglich:

Knowledge Enabler: ist für die nötigen Werkzeuge und Methoden zuständig, um das für die Durchführung von Prozessen notwendige Wissen abrufen zu können, daraus eigenes Wissen abzuleiten und dieses Wissen über die gemeinschaftliche Wissensbasis wiederum anderen bereitzustellen.

Knowledge Processor: ist die Nahstelle zwischen technischer Wissensbasis und Knowledge Enabler. Er setzt Informationen und Regeln so um, dass sie als Wissen im System vorgehalten werden können.

Knowledge Creator: recherchiert im Markt nach zusätzlichen relevanten Informationen, die dann in die Wissensbasis eingeflochten werden

Knowledge Engineer: sammelt das vorhandene Informations- und Wissenspotential der Mitarbeiter und erzeugt strukturiertes Wissen, indem er für einzelne Prozesse verbindliche Regeln aufstellt

Knowledge Broker: stellt das Wissen in Form eines Abfragesystems bereit .

Wissen und Erfahrungen sind an Personen gebunden und daher können nur die Knowhow-Träger selbst diese Potentiale erschließen. Bezüglich Erfahrungswissen bei der Projektarbeit ist es wichtig, dass für den notwendigen Wissenstransfer Erfahrungsprofile der Mitarbeiter dokumentiert und gepflegt werden.

Für die Zusammenstellung von Projektteams sind diese Erfahrungsprofile eigentlich unabdingbar. Gespeichert werden Daten über die Expertise von Mitarbeitern, Universitäts- und Industriekontakten. Damit ist ein erster Schritt zur Verknüpfung von Projekt- und Wissensmanagement getan. Oft ist es hilfreich, Berichte vergangener Projekte zu durchforsten und zugänglich zu machen. Es geht um die Verknüpfung des internen methodischen Knowhows mit dem jeweiligen Anwendungsbereich. Eine erfahrungssichernde Projektdokumentation erfordert zwar Zeit. Aber nur wer schnell und einfach auf Vorhandenes zurückgreifen kann, gewinnt Freiräume für kreative neue Lösungswege. Mögliche Barrieren können hierbei sein:

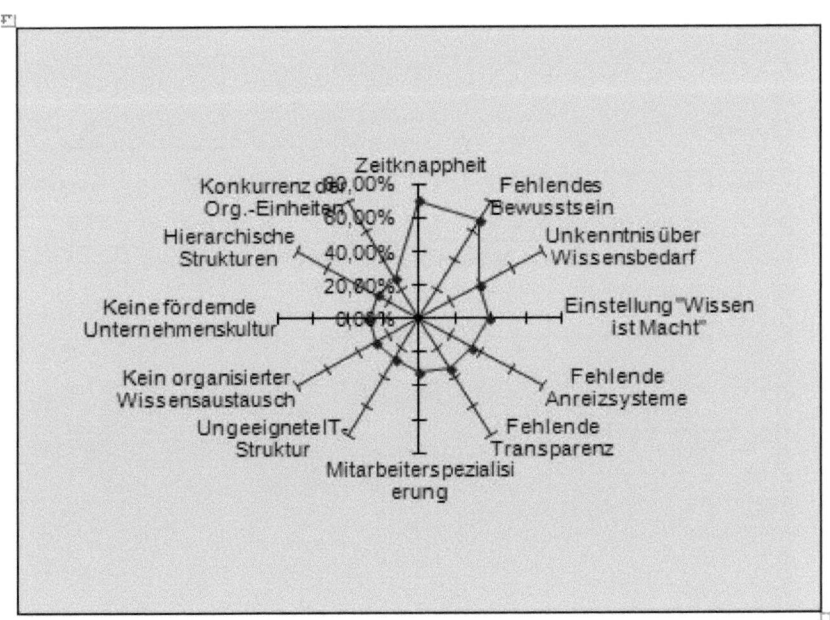

Für jede Position könnte deshalb ein Anforderungsprofil erstellt werden, an dessen Soll-Werten der Mitarbeiter eingestuft wird. Im Rahmen von Zielvereinbarungsgesprächen ist der Mitarbeiter darüber zu informieren, welche Schulungen noch nötig sind, um dem Anforderungsprofil der Stelle zu genügen. Zu den für die Qualifikationsbedarfsanalyse einzusetzenden Instrumenten und Methoden zählen u.a. Arbeitsplatzanalyse, Anforderungsprofile, Mitarbeiterbeurteilungen und Qualifikationspotentiale. Insbesondere geht es dabei um die Feststellungen nach den Inhalten sowie der zeitlichen Lage der erforderlichen Qualifizierung:

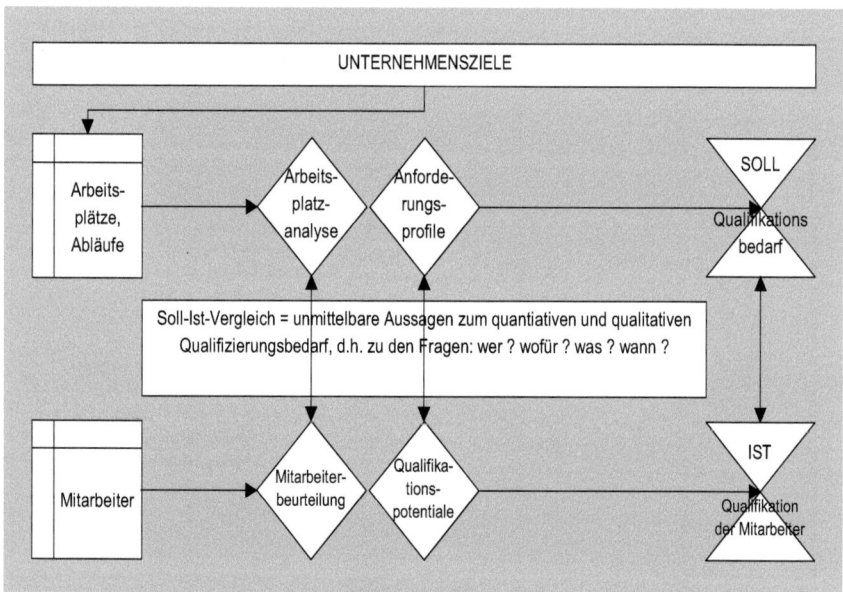

Salve, lieber HOLA-Weggefährte,
Nichts ist mehr so wie es war

wenn wir einmal die allgegenwärtige KI fragen würden......

Wenn Welt und Geschichte in Geschichten dargestellt werden können, werden dadurch Welt und Geschichte verstehbar?
Ist die Selbstkontrolle beim Lesen bei gedruckten Texten größer als bei digitalen Texten?
Erstelle eine Liste wichtiger Personalfaktoren

Antworten für Sie werden generiert…

Verstehbarkeit von Welt und Geschichte durch Geschichten

Ja, wenn Welt und Geschichte in Geschichten dargestellt werden, können sie verständlicher werden. Geschichten ermöglichen es, komplexe Zusammenhänge und Ereignisse in einer nachvollziehbaren und oft emotional ansprechenden Weise zu präsentieren. Dies hilft den Lesern oder Zuhörern, sich besser in die dargestellten Situationen hineinzuversetzen und die Bedeutung der Ereignisse zu erfassen[12]. Bundespräsident Dr. Frank-Walter Steinmeier betonte, dass Welt und Geschichte verstehbar werden, wenn sie in Geschichten dargestellt werden, die man nachvollziehen kann[3].

Selbstkontrolle beim Lesen: Gedruckte vs. digitale Texte

Studien zeigen, dass das Lesen gedruckter Texte oft mit einer höheren Selbstkontrolle und einem besseren Textverständnis verbunden ist als das Lesen digitaler Texte[45]. Gedruckte Texte fördern eine tiefere Verarbeitung und Konzentration, während digitale Texte häufig selektiv und sprunghaft gelesen werden[6]. Dies kann dazu führen, dass wichtige Informationen übersehen werden und das Verständnis leidet.

Wichtige Personalfaktoren

Hier ist eine Liste wichtiger Personalfaktoren, die im Personalmanagement berücksichtigt werden sollten:

1. **Rekrutierungskosten**: Die Ressourcen, die für die Einstellung neuer Mitarbeiter aufgewendet werden[7].
2. **Konvertierungsrate der Neueinstellungen**: Der Anteil der Bewerber, die tatsächlich eingestellt werden[7].
3. **Durchschnittliche Einstellungszeit**: Die Zeit, die für die Einstellung eines neuen Mitarbeiters benötigt wird[7].
4. **Fluktuationsrate**: Der Anteil der Mitarbeiter, die das Unternehmen innerhalb eines bestimmten Zeitraums verlassen[7].
5. **Mitarbeiterproduktivität**: Das Verhältnis von hergestellten Stückzahlen, Umsatz oder Gewinn zur Anzahl der Mitarbeiter[8].
6. **Personalkosten**: Alle Kosten, die durch den Einsatz von Mitarbeitern im Unternehmen entstehen[8].
7. **Abwesenheitsrate**: Die Häufigkeit, mit der Mitarbeiter abwesend sind[7].

8. **Mitarbeiterzufriedenheit**: Ein Maß für das Wohlbefinden und die Zufriedenheit der Mitarbeiter im Unternehmen[8].

[1]: Erzählte Welt | Bedeutung, Merkmale und Beispiele - Wortwuchs [2]: Geschichten erzählen – Wie wir mit Narrativen die Welt erklären - SWR Kultur [3]: Rede von Bundespräsident Dr. Frank-Walter Steinmeier [4]: Texte lesen: besser analog als digital? Stand der Forschung [5]: Gedrucktes zu lesen bringt besseres Textverständnis als Onlinelektüre - derStandard.de [6]:

Kannst du noch andere Personalfaktoren nennen?

Antworten für Sie werden generiert...

Natürlich! Hier sind noch einige weitere wichtige Personalfaktoren:

9. **Weiterbildungs- und Entwicklungsmöglichkeiten**: Die Verfügbarkeit und Qualität von Schulungen und beruflichen Entwicklungsmöglichkeiten für Mitarbeiter.
10. **Arbeitsumfeld und Unternehmenskultur**: Die allgemeine Atmosphäre und Kultur am Arbeitsplatz, die das Wohlbefinden und die Produktivität der Mitarbeiter beeinflusst.
11. **Leistungsbewertung und Feedback**: Die Systeme und Prozesse zur Bewertung der Mitarbeiterleistung und zur Bereitstellung von konstruktivem Feedback.
12. **Karrieremöglichkeiten**: Die Möglichkeiten für Mitarbeiter, innerhalb des Unternehmens aufzusteigen und ihre Karriere voranzutreiben.

13. **Work-Life-Balance**: Die Fähigkeit der Mitarbeiter, ihre beruflichen und privaten Verpflichtungen in Einklang zu bringen.
14. **Vergütung und Zusatzleistungen**: Das Gehalt und die zusätzlichen Leistungen, die den Mitarbeitern angeboten werden, wie z.b. Boni, Krankenversicherung und Altersvorsorge.
15. **Mitarbeiterengagement**: Das Maß, in dem sich Mitarbeiter mit ihrer Arbeit und dem Unternehmen identifizieren und sich dafür einsetzen.
16. **Diversity und Inklusion**: Die Bemühungen des Unternehmens, eine vielfältige und inklusive Arbeitsumgebung zu schaffen.
17. **Gesundheits- und Sicherheitsmaßnahmen**: Die Maßnahmen, die ergriffen werden, um die Gesundheit und Sicherheit der Mitarbeiter am Arbeitsplatz zu gewährleisten.
18. **Kommunikation und Transparenz**: Die Qualität und Häufigkeit der Kommunikation zwischen Management und Mitarbeitern sowie die Transparenz in Entscheidungsprozessen.

Was sind bewährte Methoden zur Förderung der Work-Life-Balance?

Antworten für Sie werden generiert...

Es gibt verschiedene bewährte Methoden, um die Work-Life-Balance zu fördern. Hier sind einige Ansätze, die sich als effektiv erwiesen haben:

1. **Flexible Arbeitszeiten**: Ermögliche den Mitarbeitern, ihre Arbeitszeiten an ihre persönlichen Bedürfnisse anzupassen, z.B. durch Gleitzeit oder Teilzeitarbeit.
2. **Homeoffice-Möglichkeiten**: Biete die Möglichkeit, von zu Hause aus zu arbeiten, um Pendelzeiten zu reduzieren und eine bessere Vereinbarkeit von Beruf und Privatleben zu ermöglichen.
3. **Klar definierte Arbeitszeiten**: Fördere eine Kultur, in der Überstunden die Ausnahme sind und die Mitarbeiter ermutigt werden, nach Feierabend abzuschalten.
4. **Erholungszeiten und Pausen**: Stelle sicher, dass Mitarbeiter regelmäßige Pausen einlegen und ihre Urlaubstage nutzen, um sich zu erholen.
5. **Gesundheits- und Wellnessprogramme**: Biete Programme an, die die körperliche und geistige Gesundheit der Mitarbeiter unterstützen, wie z.B. Fitnesskurse, Meditation oder Stressbewältigungsworkshops.
6. **Unterstützung bei der Kinderbetreuung**: Biete Unterstützung bei der Kinderbetreuung an, z.B. durch Betriebskindergärten oder Zuschüsse für externe Betreuung.
7. **Klare Kommunikation und Erwartungen**: Stelle sicher, dass die Erwartungen an die Arbeitsleistung klar kommuniziert werden und realistisch sind, um Überlastung zu vermeiden.
8. **Förderung einer positiven Unternehmenskultur**: Schaffe ein Arbeitsumfeld, das auf Vertrauen, Respekt und Wertschätzung basiert.
9. **Weiterbildung und Entwicklung**: Biete Möglichkeiten zur beruflichen Weiterentwicklung, die den Mitarbeitern helfen, ihre Karriereziele zu erreichen, ohne ihre Work-Life-Balance zu gefährden.

10. **Mitarbeiterunterstützungsprogramme (EAPs)**: Biete
Programme an, die Mitarbeitern bei persönlichen oder
beruflichen Herausforderungen Unterstützung bieten,
z.B. durch Beratung oder Coaching.

Diese Maßnahmen können dazu beitragen, dass Mitarbeiter sich
wohler fühlen und produktiver arbeiten.

KI-Ende

Ohne ein Roboter zu sein, könnte man als Mensch vielleicht meinen:

Fiktive Dialoge - ein paar Stunden Intensivcoaching
Denkanstöße
Wissensmanagement
Storytelling
Content
Inspiration
Diskurs
DecisionSupport
Gehirntraining - wenn es gut werden soll
Verstehen lernen
Vernetzt denken
Potenziale ausschöpfen
Komplexität reduzieren

Gestaltbar machen
Wissen transferieren
Proaktiv agieren

Executive Coaching
Denkstudio für strategisches Wissensmanagement

Wenn wir aufhören richtige Bücher (die länger als 280 Zeichen sind) zu lesen und wenn die Autoren aufhören zu schreiben, dann „würde uns für unsere Selbstverständigung, für unsere Suche danach, wer wir sind und wer wir sein wollen, etwas ganz Entscheidendes fehlen." Ohne intensive Lektüre, d.h. ohne sich in andere Welten oder Sachverhalte versetzen zu können, mit anderen Ohren zu hören oder mit anderen Stimmen zu sprechen wären wir wohl dümmer. Es wäre auch eine Welt ohne Vergangenheit. Die zwar vergangen aber doch so nah ist: man muss nur etwa sechs Generationen zurückgehen und schon wäre man bei Leuten, die Napoleon zu Pferde sahen. Man sollte sich klarmachen, dass vieles noch nicht lange her ist und wie sehr wir von Geschichten geprägt sind und werden, die nur in unserem kurzen Gedächtnis weit in einer kaum noch bewussten Vergangenheit liegen. In Wirklichkeit aber noch immer bestimmen, wie wir sind und warum wir wie denken und handeln. Es macht also durchaus Sinn Geschichten von heute oder von gestern zu erzählen. Dies verfolgt keine vordergründigen didaktischen Interessen sondern stellt lediglich etwas dar, indem erzählt wird. Das Erzählen selbst hat allerdings nicht nur eine philosophische sondern ganz praktische Konsequenz: wenn nämlich die Welt und die Geschichte erzählbar sind, wenn Welt und Geschichte in Geschichten dargestellt werden können, die ein Leser nachvollziehen kann, dann werden dadurch Welt und Geschichte verstehbar. D.h. eine erzählbare Welt wird damit zu einer verstehbaren Welt. Und eine verstehbare Welt ist gleichzeitig auch eine gestaltbare und damit veränderbare Welt. Das Erzählen speichert die Erinnerungen an alles Verlorene und Vergessene der Geschichte. Viele Sachverhalte bleiben erst durch das Erzählen präsent.

Notwendig hierfür ist vertieftes Lesen. Bildschirme und Internet haben jedoch mehr und mehr eine Verflachung des Lesens bewirkt, Informationen und Wissen werden immer oberflächlicher und flüchtiger vermittelt. Wie man manchmal nach einer halben Buchseite merkt, dass man gerade nicht gelesen hat, sondern mit den Augen nur Zeile für Zeile durchgegangen ist, ohne dass etwas im eigenen Kopf angekommen wäre. Immer seltener wird das Versinken in einem Buch mit dem Eindruck, etwas nachhaltig aufgenommen zu haben und verstanden zu haben, worum es geht. Immer weniger erinnern sich noch daran, was es heißt, in ein Buch vertieft zu sein. Die Selbstkontrolle beim Lesen ist bei gedruckten Texten größer als bei digitalen Texten. Frage: müssen und können wir unserer Lesen vor Verflachung schützen? Hilfreich wären vor allem störungsarme Lesesituationen: Lesemedien wie das gedruckte Buch oder ein E-Reader haben den Vorteil, dass sie von sich aus keine weiteren Ablenkungen bieten (anders als bei Smartphones oder Tablets). Mit einer häufigen Buchlektüre werden Konzentrationsfähigkeit, Aufmerksamkeitsfokus und Selbstdisziplin trainiert. Nach der Lektüre von fachlichen Texten sollte man noch Zeit zum Nachdenken zulassen, um das Gelesene nachwirken zu lassen.

Auf der strategischen Ebene ist es sinnvoll, eine enge Verknüpfung zwischen Personalentwicklungs- und Unternehmensplanung herbeizuführen. Anhand des nachfolgenden Personal-Portfolios geht es um die Fragen: wie sieht das aktuelle Leistungsverhalten aus? wie soll das zukünftige Entwicklungspotential aussehen?

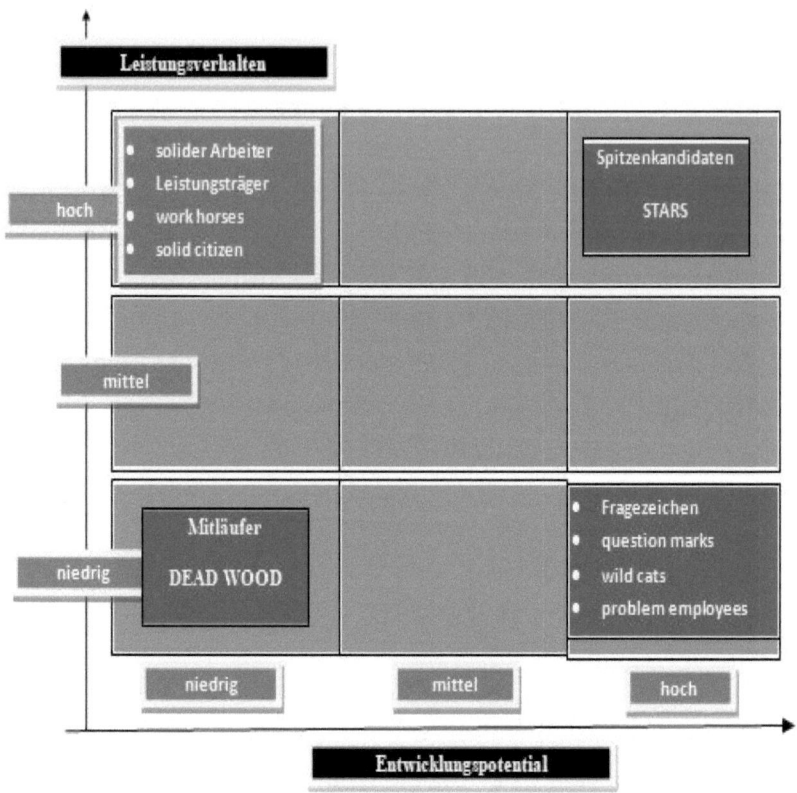

Da Mitarbeitergespräche keine Einmal-Veranstaltung sind, sondern besetzte Stellen an allen wichtigen Entscheidungspunkten und Weichenstellungen begleiten sollten, gehört zu den unabdingbaren Voraussetzungen auch die Bereitschaft zu Veränderungen, die möglichst Verbesserungen sein sollten. Für die hier lediglich dargestellte technische Unterstützung wäre unter anderem darauf zu achten, ob wirklich alle relevanten Personalfaktoren berücksichtigt wurden, ob alle Personalfaktoren richtige gewichtet und bewertet wurden und ob das Netz der bestehenden Wirkungsbeziehungen möglichst wirklichkeitsnah abgebildet wurde. Somit bietet auch jedes neue Mitarbeitergespräch die Chance, Änderungen aufzunehmen und einzuarbeiten. Durch Vergleich und Fortschreibung der zahlreichen Auswertungs-Diagramme und Portfolios erhält man ein effektives Instrument der Erfolgskontrolle mit vielen Nutzungsmöglichkeiten.

Jedes der zuvor angesprochenen Verknüpfungsfelder, sei es nun eines der Wirkungsstärke oder eines der Wirkungsdauer, sollte mit einer ausführlichen Beschreibung unterlegt werden. Empfehlenswert dabei wäre jeweils eine Aufteilung in die drei Kapitel „Analyse", „Interpretieren" und „Begründen":

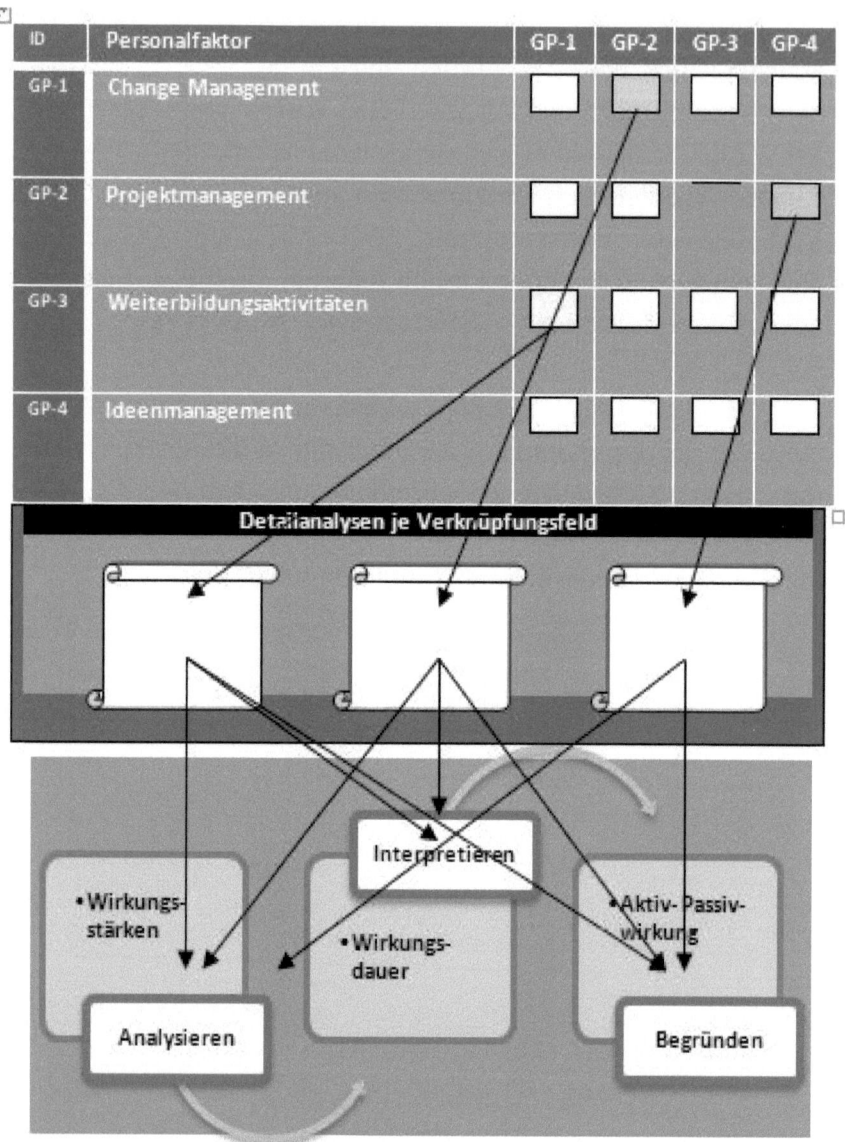

Kognitive Kosten und Zeiten

Multitasking ist Alltag: wer im Arbeitsleben mehrere Aufgaben gleichzeitig erledigen kann, für den ist das nicht nur schick: er vermeint auch demjenigen weit überlegen zu sein, der Aufgaben sequentiell nacheinander abarbeitet. Es gibt allerdings Ökonomen, die einer solchen These ernst widersprechen. So wissen Hirnforscher, dass echtes Multitasking dem Menschen überhaupt nicht möglich sei. Denn mit der Aufmerksamkeit verhalte es sich wie mit einem Flaschenhals: muss eine Entscheidung getroffen werden, so sind die zuständigen Nervenzellen beschäftigt und können im Moment keine zweite treffen. Was nur möglich ist: zwischen verschiedenen Aufgaben zu wechseln (der eine schneller, der andere langsamer): das erreichbare Wechseltempo ist auch eine Sache des Trainings.

In Experimenten wurde herausgefunden: wenn Probanden gezwungen waren, sequentiell zu arbeiten (also eins nach dem anderen zu erledigen), erzielten sie bessere Ergebnisse als unter Zwang multitaskende Vergleichspersonen. So verursacht Multitasking kognitive Kosten, um sich immer wieder erneut in die alte Aufgabe hineinzudenken, sich Details ins Gedächtnis zurückzurufen um darüber erneut nachzudenken, was man schon herausgefunden hatte. Personen, die sich einen eigenen Arbeitsplan basteln, reiben sich eher zwischen Aufgaben auf und werden dann effizienter, wenn ihnen jemand von außen vorgibt, nicht alles auf einmal zu erledigen. Im Arbeitsleben kommt es nicht allein darauf an, eine Aufgabe gut zu erledigen: meist spielt auch die benötigte Zeit eine wichtige Rolle.

Eine Statistik des Multitasking bringt es ans Licht: Paralleles statt sequentielles Arbeiten braucht durchschnittlich mehr Zeit. Beispiel: Aufgabe 1 dauert vier und Aufgabe 2 dauert acht Stunden. Werden sie sequentiell erledigt, ist man mit Aufgabe 1 nach vier Stunden fertig, mit Aufgabe 2 nach zwölf Stunden. Im Schnitt braucht man im sequentiellen Modus daher acht Stunden je Aufgabe ((4+12)/2). Wird dagegen kontinuierlich zwischen der Erledigung der beiden Aufgaben gewechselt, werden beide erst nach zwölf Stunden erledigt, d.h. im Multitasking-Modus werden im Durchschnitt zwölf Stunden je Aufgabe ((12+12)/2) benötigt. In vielen Fällen wäre man daher gut beraten, nicht immer gleich mit neuen Aufgaben zu beginnen, bevor man bereits begonnene Aufgaben noch nicht erledigt hat.

Alle Lebensbereiche und Arbeitswelten sind mittlerweile von Digitalisiertem durchdrungen: mit welchen Folgen für das Private ? wie sieht die Zukunft aus ? Die vernetzte Welt scheint komplexer geworden: es bedarf intellektueller Anstrengungen, um wenigsten einige der Zusammenhänge noch zu begreifen, als Voraussetzung um überhaupt etwas gestalten zu können. Was passiert in den Köpfen der Menschen, wenn sich alles mit immer größerer Geschwindigkeit ändert, wenn alle mit allen in ständiger Kommunikation sind und jeder immer über alles informiert ist?

Die Menschheit beginnt sich zu teilen: in die äußerst kleine Gruppe derjenigen, die den Computern sagen, was sie zu tun haben und in die immens große Gruppe derjenigen, denen die Computer sagen werden, was sie zu tun haben. Was konnte sich die Bevölkerung damals anno 1983 noch über eine Volkszählung erregen, die das reinste Kinderspiel war, verglichen mit dem, was heute an Datensammlungen gang und gäbe ist. Von der Preisgabe von Privatheit war man seinerzeit noch entfernt und wenn, hätte es für solche Preisgabe noch eine Einwilligung gebraucht. Heute dagegen hat sich die Welt soweit gedreht, dass Daten gar freiwillig preisgegeben werden: wie gebannt richten sich die Blicke auf angeblich unverzichtbare Zusatznutzen zahlloser Apps, die damit im Gegenzug verbundenen Gefahren werden nicht wahrgenommen oder ausgeblendet. Die Gefahrenlage gegenüber der so heiß kritisierten Volkszählung von 1983 hat sich gravierend gewandelt: es werden kaum Gedanken daran verschwendet, wenn freiwillig preisgegebene Daten in immer neue, teilweise überhaupt noch nicht absehbare Verwendungszwecke überführt werden.

Unterschiedlichste Daten und selbst noch kleinste Datenschnipsel werden mosaikartig zusammengesetzt: was in einem Zusammenhang noch als nicht sensible Daten erscheinen mag, kann in einem anderen Mosaik höchst relevant werden. Es kommt immer auf den Verwendungszusammenhang an, der sich aufgrund der technischen Möglichkeiten in praktische unendlich vielen Variationen und Kombinationen herstellen lässt. Es drohen ungebremste Persönlichkeitsprofile mit schwerwiegenden

Folgemöglichkeiten (wenn z.B. Gesundheitsprofile erstellt und verfügbar gemacht werden, Bewegungsprofile, Verhaltensprofile und so weiter und so weiter). Jedermann könnte dabei allerlei passieren, sollte er aufgrund einer dieser schier unbegrenzten Datenkombinationen in einem angeblich ungünstig scheinenden Raster hängen bleiben.

Salve, lieber HOLA-Weggefährte,
Nichts ist mehr so wie es war

wenn wir einmal die allgegenwärtige KI fragen würden……

Wie behandelt man Wissen als für die Zukunft alles entscheidende Ressource?
Wie können Wissensressourcen quantifiziert und für Ziele genutzt werden?
Welche Rolle spielen Geschwindigkeit und Zeit bei der Nutzung von Wissen?

Antworten für Sie werden generiert…
:
Wissen als entscheidende Ressource für die Zukunft zu behandeln, erfordert eine strategische Herangehensweise. Hier sind einige Ansätze:

1. Wissen als Ressource behandeln

- **Wissensmanagement**: Implementiere Systeme und Prozesse, um Wissen zu erfassen, zu speichern und zu teilen. Dies kann durch Wissensdatenbanken, Intranets und regelmäßige Schulungen geschehen.
- **Kultur des Lernens**: Fördere eine Unternehmenskultur, die kontinuierliches Lernen und Wissensaustausch unterstützt. Dies kann durch Anreize, Anerkennung und die Bereitstellung von Lernressourcen erreicht werden.

2. Quantifizierung von Wissensressourcen

- **Metriken und KPIs**: Entwickle spezifische Metriken, um den Wert von Wissen zu messen. Dies kann die Anzahl der durchgeführten Schulungen, die Nutzung von Wissensdatenbanken oder die Anzahl der innovativen Ideen umfassen[1].
- **Qualitative Daten quantifizieren**: Nutze Methoden wie die Kodierung qualitativer Daten, um sie in quantifizierbare Informationen umzuwandeln. Dies hilft, Muster und Trends zu erkennen[1].

3. Nutzung von Wissen in Bezug auf Geschwindigkeit und Zeit

- **Echtzeit-Zugriff**: Stelle sicher, dass Wissen schnell und einfach zugänglich ist. Dies kann durch digitale Plattformen und mobile Anwendungen erreicht werden.

- **Agilität und Flexibilität**: Reagiere schnell auf Veränderungen und nutze Wissen, um Entscheidungen in Echtzeit zu treffen. Dies erfordert flexible Prozesse und eine agile Unternehmenskultur[2].

Geschwindigkeit und Zeit spielen eine entscheidende Rolle bei der Nutzung von Wissen. Schneller Zugang zu relevanten Informationen kann den Unterschied zwischen Erfolg und Misserfolg ausmachen. Eine schnelle Reaktion auf neue Informationen und die Fähigkeit, Wissen effizient zu nutzen, sind entscheidend für den Wettbewerbsvorteil.

Wie kann man den Wert von implizitem Wissen messen?

Antworten für Sie werden generiert…

Implizites Wissen, das oft schwer zu artikulieren und zu dokumentieren ist, kann dennoch gemessen und bewertet werden. Hier sind einige Ansätze:

1. Beobachtung und Feedback

- **Leistungsbeurteilungen**: Beobachte die Leistung von Mitarbeitern und sammle Feedback von Kollegen und Vorgesetzten. Implizites Wissen zeigt sich oft in der Fähigkeit, Probleme zu lösen und Entscheidungen zu treffen.
- **Mentoring und Coaching**: Durch Mentoring-Programme kann das implizite Wissen von erfahrenen Mitarbeitern an jüngere weitergegeben werden. Der Erfolg dieser Programme kann ein Indikator für den Wert des impliziten Wissens sein.

2. Erfolgsgeschichten und Best Practices

- **Fallstudien**: Dokumentiere Erfolgsgeschichten und Best Practices, die auf implizitem Wissen basieren. Diese können als Beispiele dienen, wie implizites Wissen zu positiven Ergebnissen führt.
- **Innovationen und Verbesserungen**: Analysiere, wie oft implizites Wissen zu Innovationen oder Prozessverbesserungen führt. Dies kann durch die Anzahl der eingereichten und umgesetzten Verbesserungsvorschläge gemessen werden.

3. Soziale Netzwerke und Zusammenarbeit

- **Netzwerkanalysen**: Untersuche die sozialen Netzwerke innerhalb der Organisation. Mitarbeiter mit hohem implizitem Wissen sind oft zentrale Knotenpunkte in diesen Netzwerken.
- **Zusammenarbeitsprojekte**: Bewerte den Erfolg von Projekten, die stark auf Zusammenarbeit und Wissensaustausch angewiesen sind. Der Beitrag von Mitarbeitern mit viel implizitem Wissen kann hier besonders wertvoll sein.

4. Qualitative Methoden

- **Interviews und Fokusgruppen**: Führe Interviews und Fokusgruppen durch, um Einblicke in das implizite Wissen der Mitarbeiter zu gewinnen. Diese qualitativen Daten können dann analysiert und bewertet werden.

- **Narrative Methoden**: Nutze narrative Methoden, wie das Erzählen von Geschichten, um das implizite Wissen zu erfassen und zu bewerten.

5. Lern- und Entwicklungsprogramme

- **Schulungsbewertungen**: Bewerte den Erfolg von Schulungs- und Entwicklungsprogrammen, die darauf abzielen, implizites Wissen zu vermitteln. Dies kann durch Pre- und Post-Training-Bewertungen geschehen.

Implizites Wissen ist oft schwer zu messen, aber durch eine Kombination dieser Ansätze kann sein Wert besser erfasst und genutzt werden.

Welche Technologien unterstützen die Nutzung von Wissen?

Antworten für Sie werden generiert…

Es gibt eine Vielzahl von Technologien, die die Nutzung und den Transfer von Wissen unterstützen. Hier sind einige der wichtigsten:

1. Wissensmanagement-Systeme (KMS)

- **Intranets und Portale**: Diese Plattformen ermöglichen den einfachen Zugriff auf Unternehmenswissen und Dokumente.
- **Dokumentenmanagement-Systeme**: Sie helfen bei der Organisation und Speicherung von Dokumenten, sodass Wissen leicht zugänglich ist.

2. Künstliche Intelligenz (KI) und maschinelles Lernen

- **Chatbots und virtuelle Assistenten**: Diese Technologien können Fragen beantworten und Informationen bereitstellen, basierend auf dem vorhandenen Wissen.
- **Datenanalyse-Tools**: KI kann große Datenmengen analysieren und wertvolle Erkenntnisse gewinnen, die zur Entscheidungsfindung genutzt werden können[1].

3. Kollaborations- und Kommunikationsplattformen

- **Microsoft Teams, Slack, Zoom**: Diese Tools fördern die Zusammenarbeit und den Wissensaustausch in Echtzeit.
- **Projektmanagement-Software**: Plattformen wie Asana oder Trello helfen Teams, Wissen zu teilen und Projekte effizient zu verwalten[2].

4. E-Learning und Schulungsplattformen

- **LMS (Learning Management Systems)**: Systeme wie Moodle oder Blackboard bieten strukturierte Lerninhalte und Schulungen an.
- **Webinare und Online-Kurse**: Diese Formate ermöglichen es, Wissen flexibel und ortsunabhängig zu vermitteln[3].

•

5. Wissensdatenbanken und Wikis

- **Confluence, SharePoint**: Diese Tools ermöglichen es, Wissen zu dokumentieren und für alle zugänglich zu machen.
- **Open-Source-Wikis**: Plattformen wie MediaWiki unterstützen die kollaborative Erstellung und Pflege von Wissensinhalten[2].

6. Augmented Reality (AR) und Virtual Reality (VR)

- **Schulungen und Simulationen**: AR und VR können genutzt werden, um realistische Trainingsumgebungen zu schaffen, in denen Wissen praktisch angewendet werden kann.
- **Wartung und Reparatur**: Techniker können mithilfe von AR-Anleitungen komplexe Aufgaben effizienter erledigen[1].

Diese Technologien tragen dazu bei, Wissen effizient zu erfassen, zu speichern und zu teilen, und unterstützen so die kontinuierliche Weiterentwicklung und Innovation innerhalb von Organisationen.

KI-Ende

Ohne ein Roboter zu sein, könnte man als Mensch vielleicht meinen:

Fiktive Dialoge - ein paar Stunden Intensivcoaching
Denkanstöße
Wissensmanagement
Storytelling
Content
Inspiration
Diskurs
DecisionSupport
Gehirntraining - wenn es gut werden soll
Verstehen lernen
Vernetzt denken
Potenziale ausschöpfen
Komplexität reduzieren
Gestaltbar machen
Wissen transferieren
Proaktiv agieren

Executive Coaching
Denkstudio für strategisches Wissensmanagement

Der Anteil des Wissens an der Gesamtwertschöpfung von Unternehmen wird mittlerweile auf über sechzig Prozent geschätzt. Unternehmen unterliegen dadurch einem dynamischen Wandel und Anpassungsdruck: insbesondere der Umgang mit Wissen als Ressource wird für die Zukunft immer mehr zum entscheidenden Erfolgsfaktor, d.h. die Wettbewerbsfähigkeit wird vom bewussten und gezielten Umgang mit diesem immateriellen Rohstoff abhängen. Die vorhandenen Ressourcen müssen somit auf den Erhalt und Ausbau von Innovation und Wissen optimiert werden. Wissen manifestiert sich sowohl in internen Kommunikationsnetzwerken, dem „Unternehmensgedächtnis", als auch im Verbund mit externen Kooperationspartnern. Gegenüber dem Management klassischer Produktionsfaktoren hat das Management des Wissens seine Zukunft noch vor sich: es wird zunehmend wichtiger, auch über die Einflussfaktoren des Intellektuellen Kapitals im Unternehmen genau Bescheid zu wissen.

Durch mehr Transparenz und nachvollziehbare Bewertung/ Messung knapper Wissensressourcen können diese im Wettbewerb zielgerichteter genutzt werden. Denn es wird immer mehr darauf ankommen, dass man vor allem wissensgestützte Produkte und Dienstleistungen nutzt: der Marktwert heutiger Produkte und Dienstleistungen basiert zu einem immer größeren Teil auf deren Informationsgehalt. Dabei werden verschiedene Entwicklungsstufen durchlaufen: von der Daten- über die Informationsbis hin zur Wissensstufe. Den Wert eines Unternehmens ermittelt man immer mehr dadurch, indem man auf das Verhältnis von Daten, Informationen und Wissen schaut. Unternehmen, die sich „informationalisieren" können, werden besser dastehen als solche, die dies nicht können. Wenn sie darüber hinaus vorhandene Wissensbestände zu nutzen wissen, werden sie sogar noch stärker und wertvoller sein als die, die nur auf Informationen basieren. Zwischen Informationsproduzenten und Informationskonsumenten werden neue Interaktionsformen realisiert. Es geht um die Lösung der Fragen: wie können Unternehmen mit der Dynamik des sie umgebenden Umfeldes mithalten? aus welchen individuellen und kollektiven Wissensbeständen setzt sich die Wissensbasis zusammen, auf die ein Unternehmen zur Lösung seiner Aufgaben zugreifen kann? besitzen die Mitarbeiter die notwendigen Fähigkeiten, um das vorhandene Informationsangebot produktiv nutzen zu können?

Wissensmanagement ist für alle ein Muss, die ihre Markt- und Wettbewerbsposition in der heutigen Wissensgesellschaft behaupten und ausbauen wollen: in der informationsbasierten Arbeitswelt finden gewaltige Umstrukturierungen statt, d.h.: wenn der Wettbewerb immer weniger über Faktoren wie Kosten oder Finanzmittel gewonnen werden kann, muss nach anderen, tiefer liegenden, bisher noch ungenutzten Faktoren gesucht werden. Während das Management klassischer Produktionsfaktoren schon sehr weit ausgeschöpft ist, wird das Management der Wissens-Rohstoffe seine Zukunft noch vor sich haben. Achtung Zeitfaktor!: Wenn bei der Nutzung von Wissen gegenüber der Konkurrenz zu viel an Zeit verloren geht, kann es vielleicht schon zu spät sein (brachliegende Wissensressourcen werden nicht in entsprechende Wettbewerbsvorteile umgesetzt). Im täglichen Geschäft ist Schnelligkeit meist gleichbedeutend mit Erfolg, d.h. man muss sein Geschäftsmodell schneller als Konkurrenten durch die Wertekette hindurch bewegen.

Auch Immaterielles Kapital muss berichtet werden: bislang gibt es nur vereinzelte Ansätze wie die immateriellen Ressourcen eines Unternehmens zu messen sind. Entwicklung und Implementierung einer europäisch einheitlichen und vergleichbaren Wissensbilanz-Methode ist Aufgabe eines von der Europäischen Kommission geförderten Forschungsprojektes "InCas-Intellectual Capital Statement" unter wissenschaftlicher Leitung der Fraunhofer Instituts. Die Behandlung allein der finanziellen Werttreiber genügt heute nicht mehr, um den Erfolg des Unternehmens sicherzustellen. D.h. die finanzielle Berichterstattung muss um das Intellektuelle Kapital erweitert werden (in internationalen Rechnungslegungsstandards wird als Anhang zum Geschäftsbericht eine strukturierte Darstellung auch immaterieller Vermögenswerte empfohlen). Oder anders ausgedrückt: die nichtfinanziellen Werttreiber sind wie ein Sockel (Vermögenswerte, die einen Beitrag zum Unternehmenswert leisten und weder materielle Güter noch Finanzanlagen sind) unter der Wasseroberfläche, der oft den größeren Teil des Eisberges der Unternehmensperformance ausmacht.

Zudem erhalten Mitarbeiter über rein finanzielle Vermessungssysteme oft keine ausreichende Rückmeldung zu ihrem persönlichen Erfolgsbeitrag. Das Rechenwerk des Unternehmens muss somit maßgeschneidert um nichtfinanzielle Werttreiber erweitert werden, um schneller und erfolgreicher auf Änderungen des Umfeldes reagieren zu können. Neben der systematischen Erfassung der relevanten nichtfinanziellen Werttreiber ist allerdings die Darstellung von Zusammenhängen anspruchsvoll, mit der ihre Auswirkungen auf Ergebnis und Unternehmenswert auch quantitativ nachvollziehbar gemacht werden sollen. Aber nur so lassen sich die wichtigsten Hebel zur Wertsteigerung erkennen, um die Ressourcen gezielt dorthin lenken zu können.

Die wichtigsten Vermögenswerte des Unternehmens, nämlich seine Mitarbeiter, sein Ruf und seine Kunden sind in keiner Bilanz enthalten. Alle fünf Jahre verdoppelt sich das Wissen der Menschheit. Dieser Sachverhalt wird ausgedrückt durch den Begriff der Halbwertzeit des Wissens. Leistungsfähige Mitarbeiter zeichnen sich dadurch aus, dass sie schnell lernen können: jeder einzelne für sich wie auch im Team. Das bedeutet auch, dass es idealerweise eine Verknüpfung geben muss zwischen dem individuellen Lernen des einzelner Mitarbeiters und dem Lernen des Unternehmens. Mit der Wissensbilanz soll dargestellt werden, wie sich ein Startup entsprechend seinem zur Verfügung stehenden Intellektuellen Kapital positioniert. Im Bilanzierungsbereich wird definiert, welche Teile des Startup mit der Wissensbilanz betrachtet werden sollen: mit der Wissensbilanz sollen alle immateriellen Kapitalien und Vermögenswerte des Startup betrachtet werden.

Statistische Daten alleine liefern noch keine sicheren Aussagen: grundsätzlich vorteilhaft ist die Erfassung des Intellektuellen Kapitals (Wissen, Kreativität u.a.) vor allem deshalb, weil übliche Bilanzen nur die finanzielle und materielle Vergangenheit widerspiegeln. Zahlen vermitteln den Leuten offenbar ein stärkeres Gefühl der Sicherheit: also wartet jedermann mit ein paar

Statistiken und Analysen auf, so sinnlos diese immer auch sein mögen. Es ist auch immer das Ungewisse, d.h. die sogenannten „weichen" Faktoren, die Märkte vorantreiben. Statistische Daten vermitteln mit ihrer vorgegaukelten Sicherheit meist nur ein falsches Bild, d.h. ein Startup muss sich über den Weg der Wissensbilanz die Sensibilität für Veränderungen bewahren. Unternehmen, die sich einzig auf materielle Faktoren verlassen, werden träge und weniger sensibel gegenüber Marktveränderungen. Ein wissensintensives Unternehmen setzt in dieser schnelllebigen Zeit daher für seine Zukunft vor allem auf erfolgsrelevantes Wissen, d.h. immaterielle Vermögenswerte, über die i.d.R. wenige oder keine verlässlichen Daten vorliegen. Das Gefühl für den Markt muss in einer Kombination aus Intuition und scharfem Gespür entwickelt werden (man muss den Markt erleben und einatmen). Um Business-Probleme und -Entscheidungen nicht einfach aus dem Bauch heraus anzugehen, müssen die immateriellen Ressourcen systematisch gesteuert und entwickelt werden. Bei solchen qualitativen Informationsprozessen muss man sich vor allem um Verhaltensweisen, Trends und Zusammenhänge kümmern. Intellektuelles Kapital bestimmt viele Lebensbereiche und ist für viele Unternehmensebenen von Bedeutung. Jeder kann somit auch nur für sich selbst herausfinden und entscheiden, welche erfolgsrelevanten Einflussfaktoren im Zusammenhang mit Intellektuellem Kapital analysiert und bewertet werden sollen.

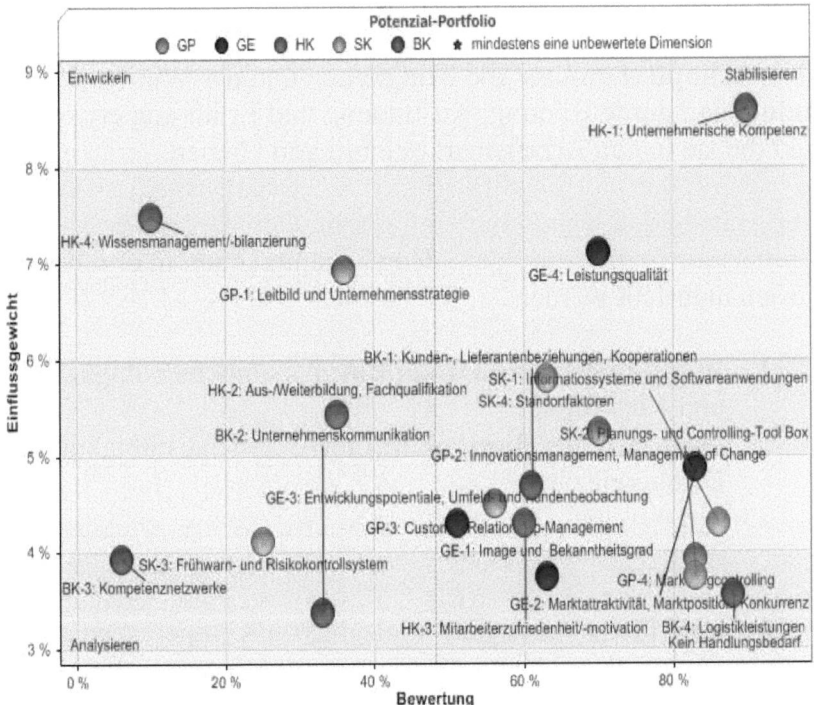

Potenzial-Portfolio

Salve, lieber HOLA-Weggefährte,
Nichts ist mehr so wie es war

wenn wir einmal die allgegenwärtige KI fragen würden......

Welche Eigenschaften und Fähigkeiten fallen unter den Begriff
Humankapital?
Welche Kompetenzen müssen Führungskräfte aufweisen?
Wie kann man die Mitarbeiterzufriedenheit in eine Mitarbeiter-
fragen erfassen und quantifizieren?

Antworten für Sie werden generiert...

Humankapital umfasst die Fähigkeiten und das Wissen, die Individuen durch Bildung, Ausbildung und Erfahrung erwerben und die sie in den Arbeitsmarkt einbringen können. Dazu gehören sowohl formale Qualifikationen wie Schulabschlüsse und Berufsausbildungen als auch informelle Fähigkeiten wie soziale Kompetenz und Kreativität[12]. Humankapital kann in drei Kategorien unterteilt werden:

1. **Individuelles Humankapital**: Persönliche Fähigkeiten und Kenntnisse.
2. **Dynamisches Humankapital**: Anpassungsfähigkeit und Lernbereitschaft.
3. **Strukturelles Humankapital**: Wissen und Fähigkeiten, die in organisatorischen Strukturen eingebettet sind[1].

Führungskräfte müssen eine Vielzahl von Kompetenzen aufweisen, um erfolgreich zu sein. Zu den wichtigsten gehören[34]:

1. **Führungskompetenz**: Die Fähigkeit, Mitarbeiter zu motivieren und zu leiten.
2. **Methodenkompetenz**: Effektive Nutzung von Techniken und Methoden zur Problemlösung.
3. **Soziale Kompetenz**: Empathie, Kommunikationsfähigkeit und Konfliktlösung.
4. **Selbstkompetenz**: Selbstreflexion und Selbstmanagement.
5. **Strategische Kompetenz**: Langfristiges Denken und Planen.

Um die **Mitarbeiterzufriedenheit** zu erfassen und zu quantifizieren, können verschiedene Methoden eingesetzt werden[56]:

1. **Mitarbeiterbefragungen**: Regelmäßige, anonyme Umfragen, um die Meinungen und Einstellungen der Mitarbeiter zu erfassen.
2. **Feedback-Sitzungen**: Direkte Gespräche und Feedback-Runden.
3. **Leistungsbeurteilungen**: Analyse der Arbeitsleistung und Zufriedenheit.
4. **Analyse von Kennzahlen**: Krankheitsstände, Fluktuationsraten und andere relevante Daten.

Wie kann man das Humankapital im Unternehmen fördern?
Copilot

Antworten für Sie werden generiert…

:
Das Fördern des Humankapitals im Unternehmen ist entscheidend für langfristigen Erfolg und Wettbewerbsfähigkeit. Hier sind einige Strategien, die dabei helfen können:

1. **Weiterbildung und Schulungen**:
   o **Interne und externe Schulungen**: Regelmäßige Fortbildungen und Workshops, um die Fähigkeiten der Mitarbeiter zu erweitern.
   o **E-Learning-Plattformen**: Zugang zu Online-Kursen und Lernressourcen.
2. **Karriereentwicklung**:
   o **Mentoring-Programme**: Erfahrene Mitarbeiter unterstützen jüngere Kollegen.

- o **Karrierepfade**: Klare Aufstiegsmöglichkeiten und Entwicklungspläne.
3. **Arbeitsumgebung**:
    - o **Förderung von Innovation**: Schaffung eines Umfelds, das Kreativität und neue Ideen unterstützt.
    - o **Flexible Arbeitsmodelle**: Homeoffice, flexible Arbeitszeiten und Work-Life-Balance.
4. **Feedback und Anerkennung**:
    - o **Regelmäßige Feedback-Gespräche**: Konstruktives Feedback zur Leistung und Entwicklung.
    - o **Anerkennung und Belohnung**: Wertschätzung und Belohnung für gute Leistungen.
5. **Gesundheitsförderung**:
    - o **Gesundheitsprogramme**: Angebote wie Fitnesskurse, Gesundheitschecks und ergonomische Arbeitsplätze.
    - o **Stressmanagement**: Unterstützung bei der Bewältigung von Stress und Förderung der mentalen Gesundheit.
6. **Teamarbeit und Zusammenarbeit**:
    - o **Teambuilding-Aktivitäten**: Maßnahmen zur Stärkung des Teamgeists und der Zusammenarbeit.
    - o **Kommunikationsplattformen**: Tools und Plattformen, die den Austausch und die Zusammenarbeit erleichtern.

Durch diese Maßnahmen kann das Humankapital im Unternehmen gestärkt und die Mitarbeiterzufriedenheit erhöht werden.

Wie kann man die Mitarbeiterzufriedenheit messen?

Antworten für Sie werden generiert…

Die Messung der Mitarbeiterzufriedenheit ist entscheidend, um ein positives Arbeitsumfeld zu schaffen und die Mitarbeiterbindung zu stärken. Hier sind einige bewährte Methoden:

1. **Mitarbeiterbefragungen:**
   o **Regelmäßige Umfragen**: Anonyme Fragebögen, die verschiedene Aspekte der Zufriedenheit abdecken, wie Arbeitsbedingungen, Führung, Kommunikation und Entwicklungsmöglichkeiten.
   o **Pulsbefragungen**: Kurze, häufige Umfragen, um aktuelle Stimmungen und Meinungen zu erfassen.
2. **Feedback-Gespräche:**
   o **Einzelgespräche**: Regelmäßige Meetings zwischen Mitarbeitern und Vorgesetzten, um Feedback zu geben und zu erhalten.
   o **360-Grad-Feedback**: Feedback von Kollegen, Vorgesetzten und Untergebenen, um ein umfassendes Bild zu erhalten.
3. **Mitarbeitergespräche:**
   o **Austrittsgespräche**: Gespräche mit Mitarbeitern, die das Unternehmen verlassen, um Gründe für die Kündigung zu verstehen und Verbesserungspotenziale zu identifizieren.
   o **Bleibegespräche**: Gespräche mit bestehenden Mitarbeitern, um deren Zufriedenheit und Wünsche zu ermitteln.
   o

4. **Analyse von Kennzahlen**:
   - o **Fluktuationsrate**: Die Rate, mit der Mitarbeiter das Unternehmen verlassen.
   - o **Krankheitsquote**: Häufigkeit und Dauer von Krankmeldungen.
   - o **Produktivitätskennzahlen**: Leistung und Effizienz der Mitarbeiter.
5. **Mitarbeiter-Engagement-Tools**:
   - o **Softwarelösungen**: Tools wie Officevibe, Peakon oder Qualtrics, die Umfragen und Analysen zur Mitarbeiterzufriedenheit anbieten.
   - o **Stimmungsbarometer**: Digitale Plattformen, auf denen Mitarbeiter ihre aktuelle Stimmung und Zufriedenheit mitteilen können.
6. **Workshops und Fokusgruppen**:
   - o **Diskussionsrunden**: Gruppenmeetings, in denen Mitarbeiter offen über ihre Erfahrungen und Meinungen sprechen können.
   - o **Workshops**: Spezielle Veranstaltungen zur Identifikation und Lösung von Problemen im Arbeitsumfeld.

Durch die Kombination dieser Methoden kann ein umfassendes Bild der Mitarbeiterzufriedenheit gewonnen werden

KI-Ende

Ohne ein Roboter zu sein, könnte man als Mensch vielleicht meinen:

Fiktive Dialoge - ein paar Stunden Intensivcoaching
Denkanstöße
Wissensmanagement
Storytelling
Content
Inspiration
Diskurs
DecisionSupport
Gehirntraining - wenn es gut werden soll
Verstehen lernen
Vernetzt denken
Potenziale ausschöpfen
Komplexität reduzieren
Gestaltbar machen
Wissen transferieren
Proaktiv agieren

Executive Coaching
Denkstudio für strategisches Wissensmanagement

Humankapital (HK) der Eigenschaften und Fähigkeiten

Das Humankapital (HK) umfasst alle Eigenschaften und Fähigkeiten, die einzelne Personen in ein Unternehmen einbringen, z.B.: Mitarbeiterqualifikation, Soziale Kompetenz, Mitarbeitermotivation, Führungskompetenz. Humankapital ist im Besitz der betreffenden Person und verlässt mit ihr das Unternehmen. D.h. das spezifische Wissen eines Unternehmens ist zu einem bedeutenden Teil in Köpfen gespeichert. Je wissensintensiver die Leistungen des Unternehmens sind, um größer ist die Bedeutung dieses in Köpfen gespeicherten Wissens. Somit sind Mitarbeiter immer auch Produzenten und Inhaber immaterieller Vermögenswerte. D.h. Verlust von Wissensarbeitern bedeutet somit immer auch Kompetenzeinbußen. Wann ist ein Unternehmen erfolgreich? In jedem Fall spielt der menschliche Faktor des Erfolgs eine große Rolle: dauerhafter Erfolg hängt zuerst immer von Mitarbeitern und Kunden, d.h. Menschen ab. Diesen ist wichtig, dass sie sich ernst genommen und gerecht behandelt fühlen. Als Mitarbeiter sind sie dann motivierter, engagierter und fester in das Unternehmen eingebunden. Sie fühlen sich auch für den Erfolg verantwortlich. Auch Kunden wollen sich in ihren Wünschen verstanden fühlen. Die Ressource "Humankapital" weist somit eine Reihe charakteristischer Merkmale auf.

Wertschöpfung: menschliche Arbeit wird zunehmend als Quelle für betriebliche Wertschöpfung erkannt, sie ist jedoch nicht von den Personen, die sie leisten, zu trennen.

Wertvorstellungen: Menschen in Organisationen sind keine passiven Gestaltungsobjekte, sondern Träger von Zielen, Bedürfnissen, Wertvorstellungen und der Möglichkeit des (re-)aktiven Handelns, was sich u.a. in der Aversion gegenüber (zusätzlicher) Steuerung und Kontrolle manifestiert.

Entscheidungen: Personalentscheidungen haben einen hohen internen politischen Charakter und lösen im Gegensatz zu Sachentscheidungen längerfristige, nicht-lineare Wirkungsketten aus.

Rein quantitative und monetäre Erfassung oft schwierig: viele personalwirtschaftliche Tatbestände entziehen sich einer quantitativen oder gar monetären Erfassung und erfordern die Berücksichtigung qualitativer Daten und Indikatoren. Einflussfaktoren für Humankapital sind beispielsweise: Aus- und Weiterbildung, Erfahrungen und Kompetenzen aufbauen, Mitarbeiter motivieren. Nichtwissen/Nichtbeachtung in diesen Fragen/ Einflussfaktoren kann sich heutzutage kein Unternehmen mehr leisten. Fragen: Welches Wissen und welche Kompetenzen sind relevant? Welches Verhalten und welche Einstellungen sind für erfolgreiches Arbeiten wichtig/notwendig? Was müssen Mitarbeiter bei einer Neueinstellung mitbringen? Was müssen Mitarbeiter lernen? Wie werden geeignete Mitarbeiter gefunden, eingestellt, gehalten? Wie werden Mitarbeiter ausgebildet und weiter qualifiziert? Wie werden die Kompetenzen der Mitarbeiter gestärkt und systematisch weiterentwickelt? Wie wird die Mitarbeitermotivation und -zufriedenheit sichergestellt? Wie wird die Leistung der Mitarbeiter gefordert und gefördert?

Führungskompetenzen sind nicht alltäglich: gute Führungskräfte müssen eine Reihe von Kernkompetenzen mitbringen. Diese beginnen mit der Fähigkeit zur erfolgreichen Mitarbeiterauswahl. Früher legte man großen Wert auf Fachkompetenz. Heute sind eher Flexibilität, Lernfähigkeit und eine hohe Einsatzbereitschaft oft wichtiger als das reine Fachwissen. Gute Führungskräfte müssen das Potential ihrer Mitarbeiter schon im Auswahlprozess erkennen. Eine weitere wichtige Kompetenz der guten Führungskraft ist der gelungene Aufbau von Erwartungen. D.h. den Mitarbeitern muss gezeigt werden, welche Ziele das Unternehmen hat, welche Visionen und Strategien verfolgt werden (Führungskräfte müssen dazu in der Lage sein, mit ihren Mitarbeitern intensiv zu kommunizieren). Eine weitere Kernkompetenz für Führungskräfte besteht in ihrer Motivationsfähigkeit, d.h. Mitarbeiter auch individuell motivieren zu können. Effektiver als die bisher noch im Vordergrund stehenden finanziellen Anreize ist es, den Mitarbeitern Aufgaben zu übertragen, die im Einklang mit dem stehen, was ihnen wichtig ist. Eng hiermit zusammenhängt die Kompetenz zur Mitarbeiterentwicklung. Aber nicht die klassische Personalentwicklung mit Workshops oder Seminaren, sondern anspruchsvolle Aufgaben, die Mitarbeiter herausfordern und sie mit Aufgaben betrauen, an denen sie wachsen können. Unternehmerische Kompetenz bedeutet auch eine umfassende Sicht der Dinge, die Fähigkeit, den Wald und die Bäume zu sehen. Die Führungskraft muss ein scharfes Gespür für Trends haben.

Für erfolgreiches Agieren wird ganzheitliche Qualifizierung gebraucht: wenn die Qualifizierungsmaßnahmen durch die betrieblichen Abläufe und Erfordernisse gestaltet werden und im Rahmen dieses Prozesses Training, Personal- und Organisationsentwicklung immer stärker verschmelzen, muss ein Startup auf integrierte Bildungs- und Entwicklungskonzepte setzen, um eine ganzheitliche Qualifizierung einzelner Mitarbeitergruppen oder ganzer Bereiche zu erzielen. Gleichwohl wird der einzelne Mitarbeiter stärker als bisher gefordert sein. Nicht nur deswegen, weil eine kontinuierliche Weiterbildung aus eigenem Antrieb vorausgesetzt werden muss und der Mitarbeiter in Zukunft von sich aus mehr Freizeit für die eigene Qualifizierung investieren muss. Qualifikationsmaßnahmen müssen, was immer sie auch sonst den Mitarbeitern bieten mögen, den Fähigkeiten verpflichtet sein, die ein Unternehmen für erfolgreiches Agieren benötigt. Eine Qualifikationsbedarfsanalyse ist deshalb keine einmalige Angelegenheit, die nur einmal durchgeführt wird und dann damit erledigt ist. Wenn sich durch einen verändernden Markt neue Chancen zur Gewinnung von Kunden auftun, verändern sich damit gleichzeitig auch die Anforderungen an die Mitarbeiter und ebenso das, was Mitarbeiter lernen müssen und wie sie was tun müssen, damit das Unternehmen die erforderlichen Fähigkeiten erlangt.

Zufriedene Mitarbeiter sind gute Mitarbeiter: engagierte Mitarbeiter haben Interesse und Lust an der Sache, sie konzentrieren sich weniger auf Positionen und Karrieren. Sie bleiben auch am Ball, wenn es der Firma einmal weniger gut geht oder die Arbeitstage einmal länger werden. Jeder hat andere Ansichten darüber, was ihm in seiner Arbeitsumwelt wichtig ist. Nachfolgend werden deshalb eine Reihe von an die Mitarbeiter zu stellenden Fragen aufgelistet, von denen anzunehmen ist, dass sie vielleicht für die Arbeit von Bedeutung sind: Wie wichtig sind für Sie: gesicherter Arbeitsplatz, Beschäftigungsgarantie u.a.? Wie wichtig ist für Sie die Möglichkeit in einem Gebiet zu wohnen, das von Ihnen und Ihrer Familie bevorzugt wird? Wie wichtig ist für Sie die Freiheit, Ihre eigenen Ansichten und Einstellungen in die Arbeit einbringen zu können? Wie wichtig sind für Sie Fortbildungsmöglichkeiten, um Ihre Fähigkeiten zu verbessern oder neue Kenntnisse zu erwerben? Wie wichtig ist für Sie eine Tätigkeit auszuüben, die es ermöglicht, einen echten Beitrag zum Erfolg des Unternehmens zu leisten? Wie wichtig sind für Sie gute Arbeitsbedingungen: gute Lüftung und Beleuchtung, angemessener Arbeitsraum, keine Lärmbelästigung u.a.? Wie wichtig ist es für Sie die Anerkennung zu erhalten, die Sie verdienen, wenn Sie gute Arbeit geleistet haben? Wie wichtig ist für Sie ein gutes Verhältnis zu Ihrem Vorgesetzten? Wie wichtig ist es für Sie eine Tätigkeit zu haben, bei der Sie Ihre Kenntnisse und Fähigkeiten einsetzen können? Wie wichtig ist es für Sie ein Gehalt zu beziehen, das Ihrer Verantwortung entspricht?

Sammeln, Speichern und Verteilen von Informationen: Wissensmanagement erfordert zunächst auf Führungsebene die Bewertung von im Unternehmen zirkulierenden Informationen. In der konkreten Umsetzung muss dieser Prozess von der IT durch das Sammeln, Speichern und Verteilen des Knowhows unterstützt werden. Ohne regelnde Strukturen wie beispielsweise Filterfunktionen oder Suchmaschinen ist die große Menge an Informationen in der Praxis nicht zu bewältigen. Insbesondere Führungsebenen können bei ihrer Entscheidungsfindung von Wissensdatenbanken profitieren. Da teilweise bis zu 80 Prozent des Business-Wissens in Informationssystemen steckt, ist es eine Herausforderung an die IT, dieses Wissen zusammenzuführen. Das Wissen über die Planung, Steuerung, Durchführung und Kontrolle von Geschäftsprozessen ist in der Software gespeichert. Außerhalb der Software ist dieses Wissen nur bruchstückhaft dokumentiert oder nur in Köpfen von wenigen Mitarbeitern eingeschränkt verfügbar.

Vergangenheits-, gegenwarts- und zukunftsbezogene Bewertungsdimensionen: im Rahmen von Personal- und Wissensbilanz wird jeder Faktor nicht nur aus dem verengten Blickwinkel einer einzigen Dimension betrachtet. Vielmehr wird versucht, der Wirklichkeit dadurch besser gerecht zu werden, dass jeder Faktor aus drei unterschiedlichen Blickwinkeln heraus in Augenschein genommen wird.

1. • Quantität
2. • Qualität
3. • Systematik

D.h. in einem ersten Schritt wird zunächst das rein mengenmäßige Vorhandensein eines Faktors danach beurteilt, wie weit dieser den Anforderungen zu entsprechen vermag. Vor dem Hintergrund, dass in vielen Fällen das bloße Vorhandensein vielleicht nicht ausreichen mag, wird zusätzlich die Qualität des Faktors beurteilt. In manchen Fällen mag es durchaus vorkommen, dass fehlende Quantität durch bessere Qualität ausgeglichen werden kann. Sowohl die Dimension Quantität als auch die einer Qualität sind jedoch immer nur vergangenheits- oder bestenfalls gegenwartsbezogene Bewertungsdimensionen. Was darüber hinaus also noch interessiert, ist eine zukunftsbezogene Beurteilungsbetrachtung, der mit einer weiterführenden dritten Systematik-Bewertung nachgekommen werden soll. D.h. unter diesem Blickwinkel soll ein Faktor zusätzlich noch danach beurteilt werden, wie er sich voraussichtlich in der nächsten Zukunft weiter entwickeln wird bzw. wie stabil und sicher vergangenheits- und gegenwartsbezogene Bewertungen auch für die Zukunft fortgeschrieben werden können. Wird das Bewertungsbild aus diesen drei Dimensionen zusammengesetzt, so wird auch die Wahrscheinlichkeit größer, dass es besser der Realität entsprechen kann.

Beispiel-Bewertung unternehmerische Kompetenz die Bewertung kann beispielsweise mit folgenden Indikatoren unterstützt werden: Bekanntheitsgrad Leitbild extern, Akzeptanzgrad Leitbild extern, Wirkungsgrad Leitbild extern, Zufriedenheit mit Unternehmen und Vorgesetzten, Pressekonferenzen pro Jahr, Kritikfähigkeit, Durchsetzungsvermögen-verständliche Anweisungen und Aufgabenübertragungen, Überzeugungs- und Argumentationsstärke. Das Schwergewicht verlagert sich von fachlichen mehr und mehr zu überfachlichen Kompetenzen. 50 bis 70 Prozent der Arbeitszeit entfällt auf zwischenmenschliche Situationen wie Kundenverhandlungen, Mitarbeitergespräche, Meetings oder Telefongespräche. Hinzu kommt die leistungs- und budgetorientierte Planung und Kontrolle der im jeweiligen Verantwortungsbereich liegenden Abteilungen sowie die Erarbeitung von strategischen Planungen und Zielen.

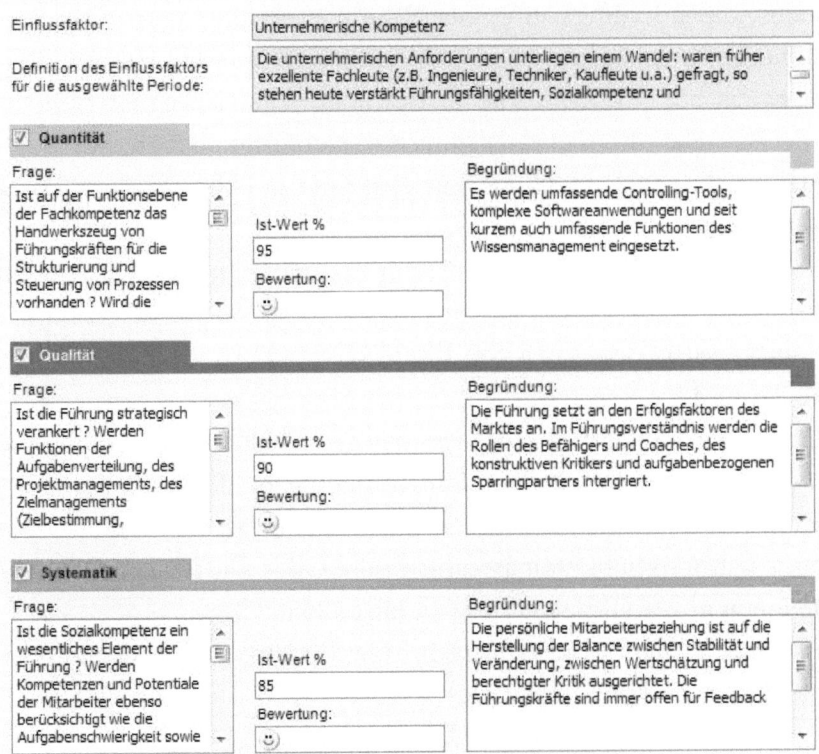

Kundenorientierung wird für Unternehmen immer mehr zum zentralen Strategiethema. Das Unternehmen hat aber nicht nur externe Kunden, sondern auch interne Kunden, nämlich die Unternehmensleitung, Mitarbeitervertreter/innen, Führungskräfte und Mitarbeiter. Diese internen Kunden haben ähnliche Eigenschaften und Bedürfnisse wie die externen Kunden. Unzufriedene Mitarbeiter erhöhen die Fluktuation und Fehlzeiten: die Leistungsträger wandern ab. Mitarbeiter, die mit Verve und Freude bei der Sache sind, leisten wesentlich bessere Arbeit. Ein gutes Betriebsklima gehört zum wichtigen Kapital eines Unternehmens, das allerdings in keiner Bilanz aufgeführt wird. Das Personalführungsinstrument der Mitarbeiterbefragung kommt keineswegs nur für Konzerne in Betracht, sondern eignet sich für alle Betriebe, die mehr als fünfzig Beschäftigte haben. Wichtige Fragestellungen, um dem Betriebsklima auf die Spur zu kommen, sind:

Kooperation: Wird Ihr Team von Spannungen und Misstrauen behindert oder durch gegenseitige Hilfsbereitschaft gestärkt? Führungsstil: Begegnen Sie Ihren Mitarbeitern als Partner oder als Despot?

Freiräume: Schnürt ein dichtes Netz von Arbeitsrichtlinien jede Eigeninitiative ab oder werden Kompetenzen delegiert? Entgelt- und Anreizsysteme: Ist Ihre Entgeltstruktur so beschaffen, dass man sich möglichst fair bezahlt fühlt? Oder klaffen die Gehaltsspannen unverhältnismäßig weit auseinander?

Karriere: Gibt es eine vernünftige Personalentwicklung oder bleibt der Aufstieg dem Zufall überlassen?

Organisation: Werden Jobrotation, Gruppenarbeit oder Job Enrichment praktiziert oder versauern Mitarbeiter an ein und demselben Arbeitsplatz?

Eine Mitarbeiterbefragung ist nicht mit der Veröffentlichung ihrer Ergebnisse beendet: denn die Mitarbeiter erwarten, dass ihre Aussagen zu Veränderungen führen. Zu kritischen Bereichen müssen sich deshalb weitere Untersuchungen anschließen und dann in erkennbare Verbesserungen umgesetzt werden. Im Mittelpunkt stehen die Leistungs- und Motivationspotenziale der Mitarbeiter. Mitarbeiterbefragungen sind nicht zuletzt auch eine Feedback-Aktion für Führungskräfte. Die Schwierigkeit einer solchen Beurteilung „von unten" mit einer Konfrontation von unterschiedlichen Selbst- und Fremdbildern liegt darin, Mitarbeitern die Angst zu nehmen, dass ihre Aussagen negativ auf sie zurückfallen können.

Beispiel-Bewertung Aus-/Weiterbildung, Fachqualifikation: die Bewertung kann beispielsweise mit folgenden Indikatoren unterstützt werden: Weiterbildungzeit pro Mitarbeiter, Weiterbildungsrendite/-faktor, Struktur der Weiterbildungsmaßnahmen, Struktur der Prüfungsergebnisse. Zu den strategischen Instrumenten des Qualifizierungsmanagements zählen qualitative Bedarfsschätzungen, Trendexplorationen, personalwirtschaftliche Technologiefolgeabschätzungen, Stärken-Schwächen-Analysen, Chancen-Risiken-Analysen, Kennzahlenanalysen, Szenario-Techniken, Frühwarnsysteme und Mitarbeiter-Portfolios. Die Anwendung von Szenariomethoden ermöglicht eine ganzheitliche Problemsicht und zeigt die Handlungsbedarfe in den verschiedenen Teilbereichen auf. Unter Berücksichtigung der relevanten Faktoren im Bereich der betrieblichen Planung können spezifische Personalszenarios entwickelt werden.

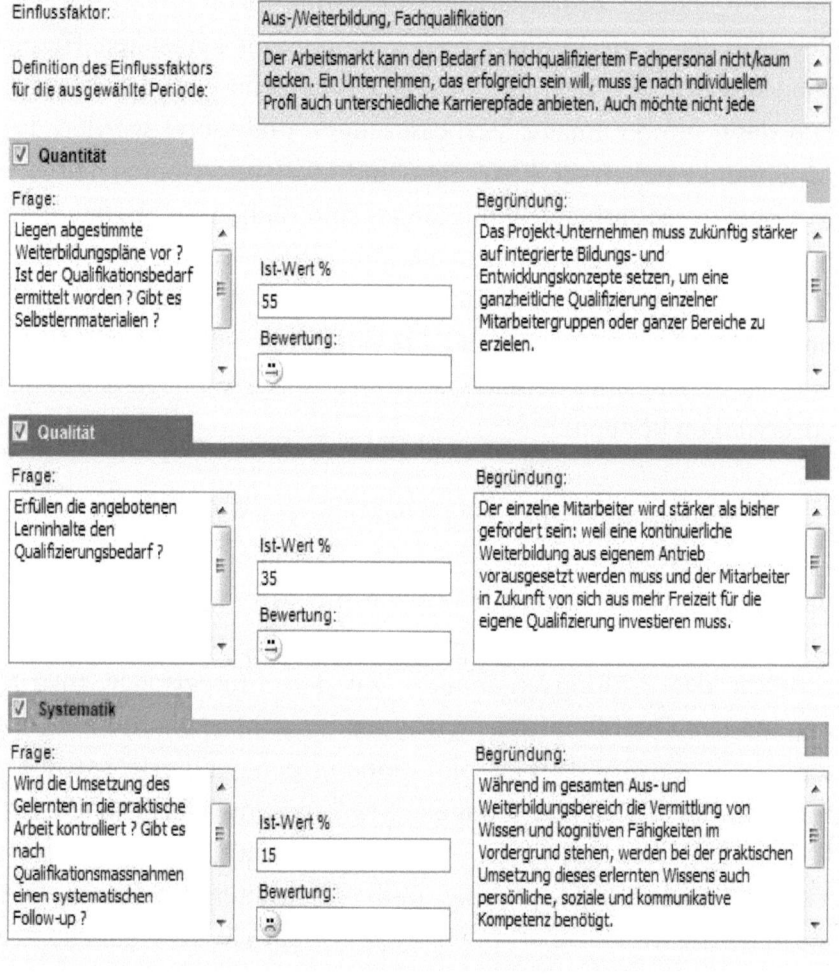

Die Qualifikationsbedarfsanalyse ist gleichzeitig Bestandteil der umfassenden Unternehmensplanung. Auf der strategischen Ebene ist es daher sinnvoll, eine enge Verknüpfung zwischen Personalentwicklungs- und Unternehmensplanung herbeizuführen. Anhand von Personal-Portfolios geht es um die Fragen: wie sieht das aktuelle Leistungsverhalten aus? wie soll das zukünftige Entwicklungspotential aussehen?

Gelerntes an den Arbeitsplatz transferieren: Bildungsmaßnahmen erfüllen nur dann voll ihren Zweck, wenn durch das Gelernte dann auch das Aufgabenspektrum im beruflichen Kontext besser gelöst werden kann, d.h. das Unternehmen ist nicht nur an positiven Lernzuwächsen sondern vielmehr daran interessiert, dass das Gelernte an den Arbeitsplatz transferiert wird. D.h. für das Unternehmen geht es weniger darum, ob der Teilnehmer an Bildungsmaßnahmen einen Lernerfolg erworben hat, sondern vielmehr darum, mit welcher Transferquote dieser Lernerfolg in die betriebliche Praxis umgesetzt werden kann. Lerntransferquoten von unter 50 % rechtfertigen meist nicht den dafür zu erbringenden finanziellen Aufwand. Erst ein ausgefeiltes Management der Weiterbildungsmaßnahmen führt zu einer höheren Effizienz der Schulungen. Hierbei geht es um die Frage, welchen Beitrag zum Unternehmenserfolg die Bildungsprozesse erbringen. Ein einheitliches Kriterium für die Erfolgsmessung von Weiterbildung gibt es nicht, da sich der Input aufgrund unterschiedlicher Messmethoden nicht direkt mit dem erzielten Output vergleichen lässt. Die Messung des Weiterbildungs-Outputs wird u.a. dadurch erschwert, dass der Erfolg oft nicht unmittelbar nach dem Ende der Bildungsmaßnahme eintritt. Der Erfolg von Weiterbildungsmaßnahmen geht über das Erfassen von Kennzahlen aus der Kostenrechnung und der Summe der Seminartage hinaus. Die Rentabilität der Investitionen in den Bildungsbereich kann u.a. mit Arbeitsproduktivitätskennziffern gemessen werden. Weiterhin kann der Erfolg von Weiterbildungsmaßnahmen daran gemessen werden, in welchem Umfang sie zur Deckung des Weiterbildungsbedarfs beigetragen haben. Weiter in der Bildungsstrategie berücksichtigt werden müssen auch qualitative Meßgrößen wie Daten aus Prozessmessungen, Mitarbeiter-Befragungen und der Weiterbildungsbedarfsanalyse.

Am einfachsten können aus der Lohn- und Gehaltsabrechnung, der Kostenrechnung und Finanzbuchbuchhaltung sowie auf Grundlage personalwirtschaftlicher Statistiken die Kosten der Weiterbildungsaktivitäten ermittelt werden. Zu den direkten Kosten zählen u.a. Kosten des Weiterbildungspersonals, Dozentenhonorare, Raumkosten, Sachkosten für Maschinen- und Geräteausstattung, Lehrmaterialien, Lehrgangsgebühren und Reisekosten. Zu den indirekten Kosten zählen u.a. Kosten für Lohnfortzahlungen. Der diesen Kosten gegenüberzustellende Nutzen ermittelt sich u.a. aus Kennzahlen wie dem Grad der Erreichung der angestrebten Lern- und Transferziele (Bildungswert = Lernwert + Transferwert), Fluktuations-, Fehlzeiten- oder Beschwerdequote.

Eine vielseitige Qualifikation der Mitarbeiter wertet gleichzeitig den einzelnen Arbeitsplatz auch durch Job-enlargement und

Job-enrichment auf und verhindert, dass durch die Abwerbung von ausgebildeten Arbeitskräften durch nichtausbildende Unternehmen die Ausbildungserträge extern anfallen. Umso mehr die vermittelte Qualifikation unternehmensspezifisch ist, reduziert sich aber auch das Problem dieser externen Effekte (Verminderung der Fluktuationsrate). Messprobleme treten weiter dadurch auf, dass Produktivitätseffekte wie beispielsweise Loyalität, Leistungsmotivation, Teamgeist, Verbesserungsvorschläge oder verstärkte Innovationsorientierung sich oft nur längerfristig und nur in indirekter Form auswirken. Wenn die unternehmensspezifische Weiterbildung in erster Linie die Produktivität im ausbildenden Unternehmen erhöht, erhält sie dadurch einen zusätzlichen Optionswert, der bis zu einem gewissen Grad auch tatsächliche Einkommens- und Positionsanhebungen ersetzen kann.

Reality Business verknüpft sich maschinenbasiert mit dem Alltag der Mitarbeiter

Die einschneidendsten Technologien sind die, die dadurch verschwinden, dass sie sich (von vielen kaum direkt wahrnehmbar) mit unserem Alltag verknüpfen. So lange, bis sie von diesem nicht mehr zu unterscheiden sind. D.h. Maschinen, die sich in die Umgebung der Menschen einfügen (anstatt die Menschen zum Eintritt in ihre Umgebung zu nötigen). Die virtuelle Realität simuliert die Welt. Selbst der ausgeklügeldste Prozess für eine Umwandlung von abgeschöpften Daten in Vorhersageprodukte ist immer nur so gut wie der Rohstoff, mit dem man ihn füttert. Die erste Generation von Vorhersageprodukten ermöglichte eine zielgerichtete Online-Werbung. Die nächste Stufe definiert sich durch die Qualität der Vorhersageprodukte. Es entbrannte ein Wettbewerb um immer höhere Grade der Genauigkeit. Das Ziel: beste Vorhersagen, die an die Genauigkeit unmittelbarer Beobachtungen herankommen sollten. Die rechnergestützten Verfahren sollen sich nunmehr bis hinaus ins richtige Leben erstrecken: auf die Straße, unter Bäume, in die Stadt. Bei dieser Ausweitung in den Alltag der Menschen hinein geht es um deren Kreislauf, deren Matraze, deren Gespräche am Frühstückstisch, deren Arbeitsweg, deren Jogging, deren Kühlschrank, deren Parkplatz, deren Wohnzimmer uns so weiter und so fort. Es wird nach den intimsten Mustern von Persönlichkeit geschürft. Die Abschöpfung der Daten zielt jetzt auch auf Stimmungen und Emotionen, auf Lügen und menschliche Sollbruchstellen. Schicht um Schicht wird das Intimste von Menschen freigelegt und in einer Sturzflut on Datenpunkten den algorithmischen Fließbändern zugeführt. Um über allgegenwärtige, automatisierte, rechnergestützte Prozesse den Alltag der Menschen zu durchdringen, bis sie von diesem nicht mehr zu unterscheiden (und damit noch wahrzunehmen) sind. Damit soll (ohne nach außen hin sichtbare Konformität) Verhalten produziert werden, das zuverlässig zu erwünschten kommerziellen Ergebnissen führt: eine nahezu perfekte Metamorphose der digitalen Infrastruktur von einem Etwas, das wir haben, zu einem Etwas, das uns hat.

Beispiel-Bewertung Mitarbeiterzufriedenheit, -motivation: die Bewertung kann beispielsweise mit folgenden Indikatoren unterstützt werden: Fluktuationsrate, Quote der effektiven Arbeitszeit, Krankheits-Ausfallquote, Zufriedenheit mit Unternehmen und Vorgesetzten, Zufriedenheit mit Arbeit und beruflichen Anforderungen, Zufriedenheit mit Gehalt und Nebenleistungen, Zufriedenheit mit persönlicher Weiterentwicklung, Motivator motiviert Team/Mitarbeiter. Die Human-Ressourcen sind der einzige Produktionsfaktor, der aus sich selbst heraus wachsen kann, d.h. alle anderen unterliegen einem ständigen, abzuschreibenden Werteverzehr. Die Selbsteinschätzung der Vorgesetzten und ihre Bewertung durch die Mitarbeiter driften oft auseinander. Der hohen Diskrepanz zwischen Selbstbild und Fremdbild liegt ein Kommunikationsdefizit zugrunde, das mit Hilfe von Mitarbeiterbefragungen abgebaut werden kann. Ein gutes Betriebsklima gehört zum wichtigen Kapital eines Unternehmens, das allerdings in keiner bisherigen Bilanz aufgeführt wird.

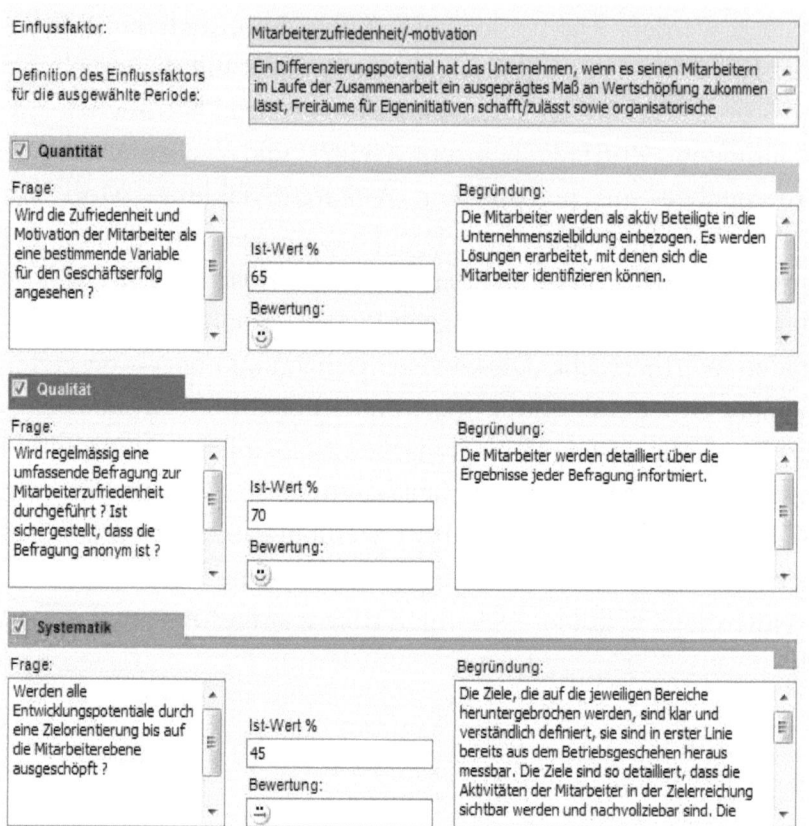

Einflussfaktor: **Mitarbeiterzufriedenheit/-motivation**

Definition des Einflussfaktors für die ausgewählte Periode:
Ein Differenzierungspotential hat das Unternehmen, wenn es seinen Mitarbeitern im Laufe der Zusammenarbeit ein ausgeprägtes Maß an Wertschöpfung zukommen lässt, Freiräume für Eigeninitiativen schafft/zulässt sowie organisatorische

✓ **Quantität**

Frage:
Wird die Zufriedenheit und Motivation der Mitarbeiter als eine bestimmende Variable für den Geschäftserfolg angesehen?

Ist-Wert %
65
Bewertung:

Begründung:
Die Mitarbeiter werden als aktiv Beteiligte in die Unternehmenszielbildung einbezogen. Es werden Lösungen erarbeitet, mit denen sich die Mitarbeiter identifizieren können.

✓ **Qualität**

Frage:
Wird regelmässig eine umfassende Befragung zur Mitarbeiterzufriedenheit durchgeführt? Ist sichergestellt, dass die Befragung anonym ist?

Ist-Wert %
70
Bewertung:

Begründung:
Die Mitarbeiter werden detailliert über die Ergebnisse jeder Befragung informtiert.

✓ **Systematik**

Frage:
Werden alle Entwicklungspotentiale durch eine Zielorientierung bis auf die Mitarbeiterebene ausgeschöpft?

Ist-Wert %
45
Bewertung:

Begründung:
Die Ziele, die auf die jeweiligen Bereiche heruntergebrochen werden, sind klar und verständlich definiert, sie sind in erster Linie bereits aus dem Betriebsgeschehen heraus messbar. Die Ziele sind so detailliert, dass die Aktivitäten der Mitarbeiter in der Zielerreichung sichtbar werden und nachvollziebar sind. Die

Mitarbeitergespräche können zum besseren Betriebsklima beitragen: die internen Kunden des Unternehmens, nämlich die Mitarbeiter, haben in manchen Punkten durchaus ähnliche Eigenschaften und Bedürfnisse wie die externen Kunden. Unzufriedene Mitarbeiter erhöhen die Fluktuation und Fehlzeiten: die Leistungsträger wandern ab. Mitarbeiter, die mit Verve und Freude bei der Sache sind, leisten wesentlich bessere Arbeit. Ein gutes Betriebsklima gehört zum wichtigen Kapital eines Unternehmens, das allerdings in keiner Bilanz aufgeführt wird. Fragestellungen hierzu wären beispielsweise:

Führungsstil: Begegnen Sie Ihren Mitarbeitern als Partner oder als Despot?

Kooperation: Wird Ihr Team von Spannungen und Misstrauen behindert oder durch gegenseitige Hilfsbereitschaft gestärkt?

Freiräume: Schnürt ein dichtes Netz von Arbeitsrichtlinien Eigeninitiativen ab oder werden Kompetenzen delegiert?

Entgelt- und Anreizsysteme: Ist Ihre Entgeltstruktur so beschaffen, dass man sich möglichst fair bezahlt fühlt? Oder klaffen die Gehaltsspannen unverhältnismäßig weit auseinander?

Karriere: Gibt es eine vernünftige Personalentwicklung oder bleibt der Aufstieg dem Zufall überlassen?

Organisation: Werden Jobrotation, Gruppenarbeit oder Job Enrichment praktiziert oder versauern Mitarbeiter an ein und demselben Arbeitsplatz?

Ziele des Mitarbeitergesprächs sind u.a.: Analyse der Stärken und Schwächen aus Sicht der befragten Mitarbeiter, Beurteilung von persönlichen Mitarbeitersituationen, Verbesserung der Kommunikation, Abbau von Kommunikationsdefiziten, Schaffung einer Basis für notwendige Aktionen und Maßnahmen (verbesserte Akzeptanz), Verbesserung von Führungsverhalten und Arbeitszufriedenheit/ -motivation. Ein gut aufgebautes und vorbereitetes Mitarbeitergespräch ist ein Gradmesser, der zeigt, wie der Mitarbeiter auf seiner weiteren Wegstrecke vorangekommen ist.

Die Situation eines solchen Grundsatzgespräches ähnelt in vielen Dingen einem Einstellungsgespräch. Es könnte somit hilfreich sein, wenn sich die beteiligten Parteien, d.h. Vorgesetzter und Mitarbeiter jeweils aus ihrer Sicht in diese Lage hinein zu versetzen suchten. Der Vorgesetzte würde also sein Mitarbeitergespräch so vorbereiten, als ob er noch einmal vor der Entscheidung stünde, seinen Mitarbeiter neu einzustellen oder nicht. Der Mitarbeiter seinerseits würde sich innerlich vorstellen, sich noch einmal um seine Stelle bewerben zu müssen und diese jeweils ablehnen oder annehmen zu können. Falls vor allem der Mitarbeiter solche Gedankenspiele als nicht nur unangenehm oder wirklichkeitsfremd ablehnt, mag er für sich selbst beantworten, ob sich sein Vorgesetzter nicht doch solche Fragen bereits gestellt hat oder vielleicht bald einmal stellen könnte.

Beispiel-Bewertung Wissensmanagement: die Bewertung kann beispielsweise mit folgenden Indikatoren unterstützt werden: Weiterbildungszeit pro Mitarbeiter, Weiterbildungsrendite, Struktur der Weiterbildungsmaßnahmen, Identifikation Intellektuelles Kapital, Bewerten und Messen Intellektuelles Kapital, Analyse Entwicklungspotentiale, Analyse Wirkungsstärke, Analyse Wirkungsdauer, Erstellung Wissensbilanz. Wissensmanagement umfasst alle Maßnahmen, die auf eine Ausweitung von Wissen oder auf eine verbesserte Nutzung gerichtet sind. Denn im Unternehmen verfügbare Wissensbestände erfüllen nur dann ihren Zweck, wenn durch sie das Aufgabenspektrum im beruflichen Kontext besser gelöst werden kann, d.h. das Unternehmen ist nicht nur an positiven Wissenszuwächsen sondern vielmehr daran interessiert, dass das Wissen an den Arbeitsplatz transferiert wird. Hierbei geht es um die Frage, welchen Beitrag zum Unternehmenserfolg der Erwerb von zusätzlichem Wissen erbringt. Wissensmanagement soll die Problemlösungskapazität des Unternehmens aufgrund der vorhandenen Fähigkeiten und Praktiken erhöhen und durch gezielte Beeinflussung die Wissensbasis verbessern.

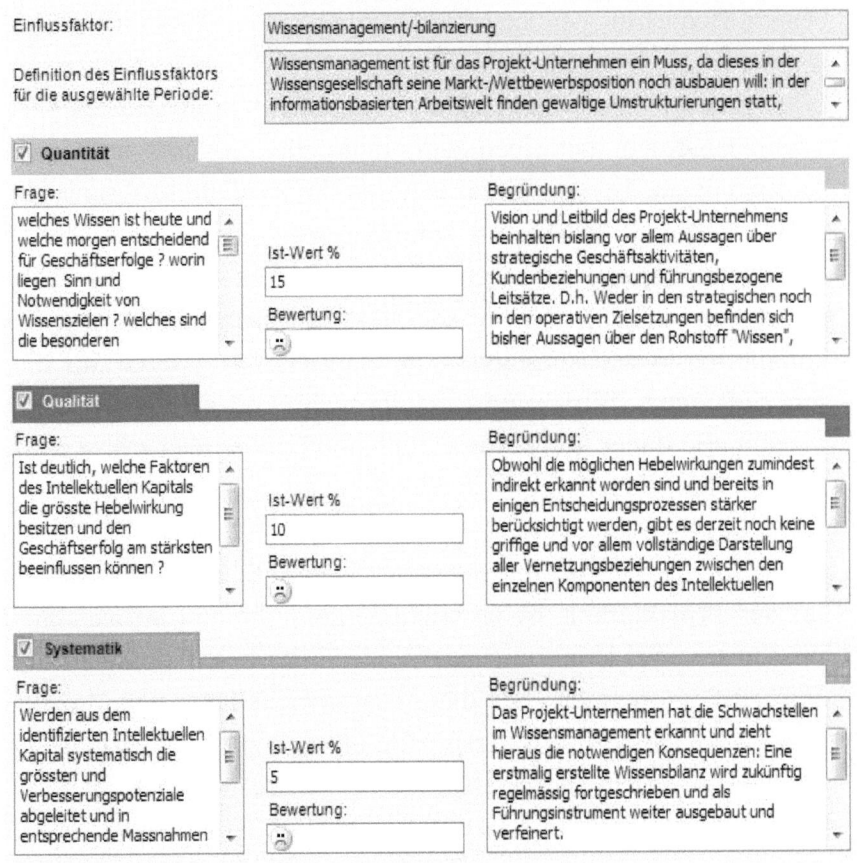

Management von Erfahrungswissen: Zu unterscheiden ist zwischen explizitem Wissen, das sich anhand von Regeln abbilden lässt und implizitem Wissen, das sich aus Problemlösungskompetenz und Erfahrungsschatz der Mitarbeiter zusammensetzt. D.h. zunächst muss das Wissen der einzelnen Mitarbeiter sowie des gesamten Unternehmens in einer Wissens-Landkarte zusammengefasst werden. Diese verzeichnet Wissensquellen und Wissenssenken: wo sitzen Experten zu welchen Themen, wo besteht Bedarf für welche Informationen.

Integriertes Wissensmanagement-Konzept: wer effizientes Wissensmanagement betreiben will, muss die Prozesse im Unternehmen genau kennen. Dazu gehören die zur Durchführung einzelner Prozesse benötigten Informationen ebenso wie die an diesen Prozessen beteiligten Mitarbeiter. Die technische Infrastruktur muss gut skalierbar sein, da mit Zusammenführung des kompletten Wissensbestandes die Zugriffshäufigkeiten auf diesen zunehmen. Wissen und Erfahrungen sind an Personen gebunden und daher können nur die Knowhow-Träger selbst diese Potentiale erschließen.

Wer sind die Erfahrungsträger? Bezüglich Erfahrungswissen bei der Projektarbeit ist es wichtig, dass für den notwendigen Wissenstransfer Erfahrungsprofile der Mitarbeiter dokumentiert und gepflegt werden. Für die Zusammenstellung von Projektteams sind diese Erfahrungsprofile eigentlich unabdingbar. Gespeichert werden Daten über die Expertise von Mitarbeitern, Universitäts- und Industriekontakten. Damit ist ein erster Schritt zur Verknüpfung von Projekt- und Wissensmanagement getan. Oft ist es hilfreich, Berichte vergangener Projekte zu durchforsten und zugänglich zu machen. Es geht um die Verknüpfung des internen methodischen Knowhows mit dem jeweiligen Anwendungsbereich. Eine erfahrungssichernde Projektdokumentation erfordert zwar Zeit. Aber nur wer schnell und einfach auf Vorhandenes zurückgreifen kann, gewinnt Freiräume für kreative neue Lösungswege. Eine Hauptaufgabe wird in Zukunft sein, Wissen zu erzeugen, zu dokumentieren, auszutauschen und anzuwenden

Vernetztes Lernen: alle fünf Jahre verdoppelt sich das Wissen der Menschheit. Dieser Sachverhalt wird ausgedrückt durch den Begriff der Halbwertzeit des Wissens. Leistungsfähige Unternehmen zeichnen sich dadurch aus, dass sie schnell lernen können: jeder einzelne für sich wie auch im Team. Das bedeutet auch, dass es idealerweise eine Verknüpfung geben muss zwischen dem individuellen Lernen des einzelnen Mitarbeiters und dem Lernen des Unternehmens. Ergänzt werden kann dieser Wissenspool durch handlungsgesteuertes Wissen. Das sind beispielsweise Erfahrungen und Lösungsansätze, die von jedem Mitarbeiter eingegeben werden können und dann auch allen anderen zur Verfügung stehen (Alle haben das Wissen aller).

Humankapital	Bewertung
HK-1 **Unternehmerische Kompetenz**	
Quantität:	
Qualität:	95%
Systematik:	90%
	85%
HK-2 **Aus-, Weiterbildung, Fachqualifikation**	
Quantität:	
Qualität:	55%
Systematik:	35%
	15%
HK-3 **Mitarbeiterzufriedenheit, -motivation**	
Quantität:	
Qualität:	65%
Systematik:	70%
	45%
HK-4 **Wissensmanagement**	
Quantität:	
Qualität:	15%
Systematik:	10%
	5%
Interpretation:	

Zeitalter der Kommunikationsexplosion

Das digitale Zeitalter ist auch das Zeitalter der Kommunikationsexplosion. Neben einer nahezu unbeschränkten Verfügbarkeit einer unvorstellbaren Menge von Informationen steht nur auch eine ungeheure Menge an Menschen ununterbrochen miteinander im Gespräch. Illusionen von Gleichzeitigkeit und Nähe verändern auch die Wahrnehmung: alles was anderen passiert, scheint auch uns selbst zu passieren. Wir unterliegen der Täuschung, auf alles reagieren zu können, vielleicht sogar reagieren zu müssen. Menschen liken und sharen, die Welt (zumindest die über Glaskabel erreichbare) gehört scheinbar uns. Eine ‚Welt die groß ist (man kann wochenlang allein eine Wüste, das Meer oder ein Gebirge durchqueren) und auf der anderen Seite doch wieder so smartphoneklein ist. Damit hat sie die Gleichmacherei befördert, das eindimensionale Denken, die Unfähigkeit, Widersprüche oder Komplexität auch nur auszuhalten. Also die Kehrseite der Digitalisierung, die den Zugang und Austausch von Wissen erleichtert und dem Weltwissen ganz neue Dimensionen eröffnet hat. Es scheint, als seien beide Seiten unvereinbar, als sei die Mittellage verschwunden: das Ausgewogene, Ausgeglichene. Aus auf die Spitze getriebener Rücksichtnahme scheinen sich Denk- und Redeverbote zu entwickeln: es ist der Unterschied zwischen Arznei und Gift, auf die Dosierung kommt es an.

Qualitätsportfolio Humanfaktoren

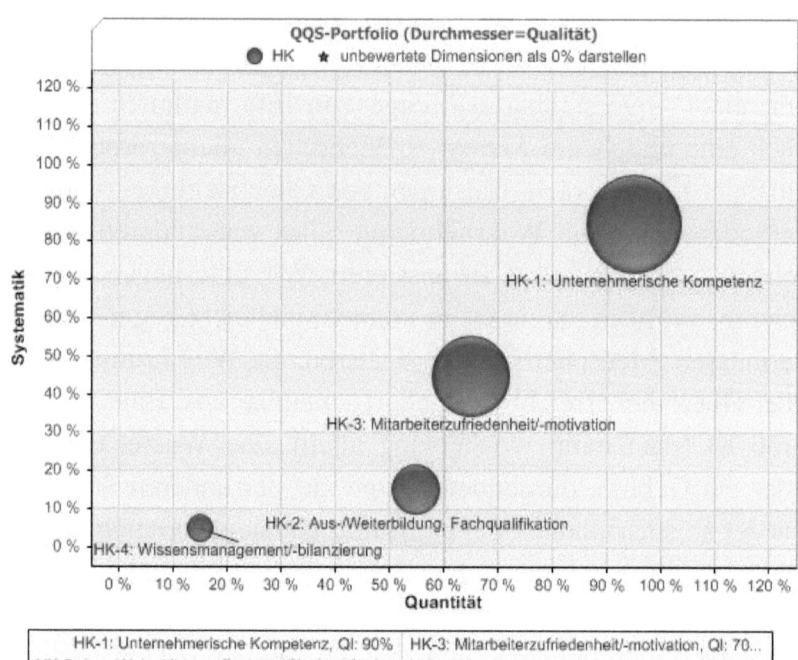

Warum kann es sein, dass Tag für Tag Milliarden Menschen Google ihre tiefsinnigen, banalen, manchmal seltsamen Fragen anvertrauen? In Industriegesellschaften dürften die meisten unter Fünfzigjährigen kaum eine willentliche Handlung öfter ausführen, als zu googeln. Warum mögen so viele eine solche sich ständig wiederholende Sache (Warum sonst würden sie so oft wiederholen)? Die Unterscheidungen zwischen damals und heute, zwischen privat und öffentlich, zwischen Kunst und Politik, zwischen ernstgemeint und satirisch sind wie von einem Tsunami der Vereinfachungen weggeschwemmt worden. Das macht alles Verwirrende vielleicht einfacher, aber auch enger: das Abwägen und Bemühen, Sachverhalte und Probleme in ihrer umfassenden Komplexität zu erfassen ist geringer geworden. Das verführt dazu, keine längeren Texte mehr zu schreiben, sich der Twitter-Länge zu ergeben.

Wie war das in den Anfangszeiten des Internet? Alles schien größer und freier als das bisher Dagewesene. Plötzlich brauchte man keine Zeitung mehr, um seine Meinung zu sagen, kein Fernsehen, um gesehen zu werden. Das Netz war frei und umsonst und bot Platz. Was ist aus diesem Traum geworden? Facebook will jedem genau das zeigen, was er will (um ihn möglichst lange im System zu halten und damit Geld zu verdienen). Einerseits war das Informationsbedürfnis selten so groß (und die technischen Möglichkeiten) wie heute, andererseits wird Inhalteanbietern das finanzielle Wasser abgegraben: wir tragen kleine Supercomputer in der Tasche, die uns zu jeder Zeit mit dem Rest der Menschheit und dem gesamten Wissen der Welt verbinden. Und trotzdem machen sich immer öfter auch Desinformationen breit, mediale Strukturen sind aus dem Gleichgewicht geraten. Kaum eine Branche, die noch keine als Selbsthilfegruppe propagierte „Community" gegründet hat. Nach einer Idee der Schwarmintelligenz kümmert sich jetzt die Masse auch noch selbst um Service: so viele Teilzeitkräfte gibt es gar nicht, um alle Nutzerfragen noch persönlich zu beantworten. Die Nutzer stellen bereitwillig ihre Daten zur Verfügung, im besten Fall sorgen sie für so etwas wie ein Gemeinschaftsgefühl. Die fortschreitende Vernetzung sorgt dafür, dass viele Nutzer diese Flucht aus dem Service hinnehmen. Die Masse der Laien ersetzt den Fachmann: statt eigene Servicekräfte zu schicken (zu bezahlen) vermitteln Anbieter welche aus der Community. So soll ein kundiger Kunde aus der Nachbarschaft einem Ahnungslosen helfen.

Systematikportfolio Humanfaktoren

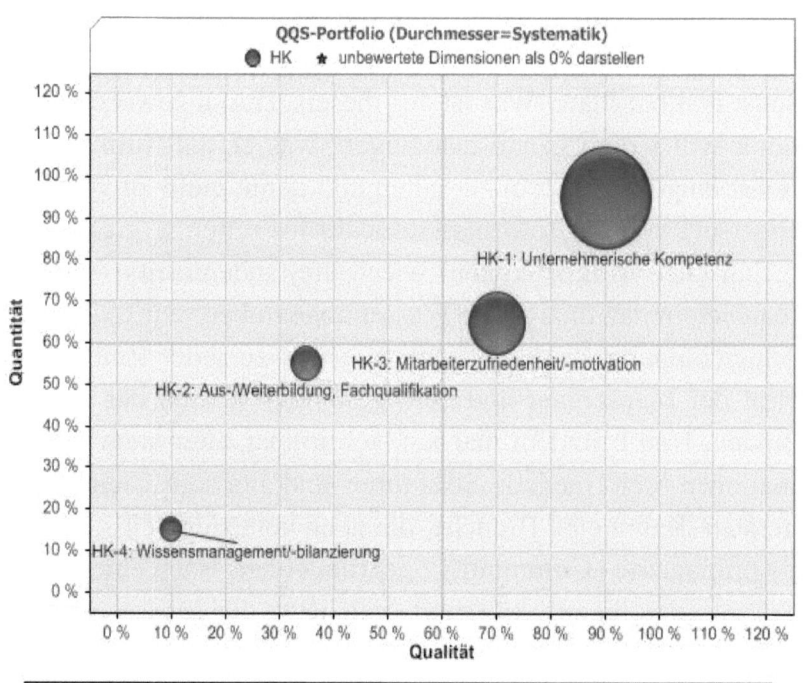

In einer wissensintensiven Wirtschaftswelt sind Markterfolge eng mit dem Zukunfts-Rohstoff „Wissen" verknüpft. Da es zum Intellektuellen Kapital keinen vergleichbaren Rohstoff gibt, der sich durch wiederholten Gebrauch vermehren ließe, lohnt allein die Beschäftigung mit diesem. Der Ansatz, Prozesse und Erfolgsfaktoren des Marketingcontrolling in Richtung hin auf eine Wissensbilanz zu entwickeln, kann darüber hinaus einen Anreiz zu notwendiger ganzheitlicher Denkweise liefern. Die mehrdimensionalen Bewertungen sowohl nach Quantität und Verfügbarkeit als auch nach qualitativen und zukunftsbezogenen Systematik-Aspekten tragen zur Transparenz meist komplexer Marketing-Sachverhalte bei. D.h. Bewertungen werden auch für Dritte nachvollziehbar gestaltet, zwischen den Beteiligten wird eine gemeinsame Kommunikationsplattform geschaffen.

Traum von der Million

Von der Geldanlage einer Million leben zu wollen (können) könnte sich auch als ein Trugschluss erweisen. D.h. wenn jemand (z.B. durch Lotto, Erbschaft, Auszahlung einer Lebensversicherung) sich auf seinem Konto über eine Million freuen darf, sollte trotzdem erst einmal genau rechnen, bevor er seinem Arbeitgeber kündigt. Wer heutzutage eine Million auf einem Sparbuch, Tagesgeld oder Girokonto anlegt, kann schon froh sein, wenn er dafür keine Strafzinsen zu zahlen hat. Und am Kapitalmarkt? „In offenen Immobilienfonds sind derzeit Renditen von 2 Prozent möglich (bei einer Million wären das 20.000 Euro: nach Abzug der Abgeltungssteuer verbleiben davon

14.000 Euro, d.h. 1.200 Euro im Monat)." Will oder kann man davon leben?

Höhere Renditen sind nur mit höherem Risiko möglich. Wenn DAX-Werte 3 Prozent Dividendenrendite bringen sollten, wären das 30.000 Euro vor Steuern im Jahr (nach Steuern etwa 1.700 Euro pro Monat). Auch eine Immobilie bringt es nach Abzug aller Kosten und Steuern auch auf kaum mehr als 3 Prozent Rendite: wer Eigentümer ist, wird wissen, dass mietfrei nicht kostenfrei heißt, denn immer fallen auch Instandhaltungs- und Nebenkosten an. D.h.: von einer Million ohne Arbeit leben zu wollen heißt, dass dieser Betrag von Jahr zu Jahr weniger auf dem Konto würde und damit auch die Erträge aus der Anlage sinken würden. Wann die Million dann aufgebraucht wäre, hängt wesentlich vom Lebensstil und Konsumverhalten ab. Mit Reisen, teuren Autos und einem schicken Haus kann die Million schnell ausgegeben sein. Ist die Million über jahrelanges Sparen angesammelt worden? Dann ließe sich die Sache schon eher kalkulieren, denn dann dürfte auch der Lebensstil relativ stabil sein. Anders sieht die Sache dagegen bei kurzfristig erlangtem Reichtum (Lotto, Erbschaft, Versicherungsauszahlung u.a.) aus: der Umgang mit dem Gefühl, plötzlich Geld zu haben, ist noch nicht geübt und der Impuls, sich jetzt lang ersehnte Träume zu erfüllen, ist riesengroß.

„Die allgemeinen Lebenshaltungskosten liegen in Deutschland bei 1600 Euro im Monat. In teureren Städten wie München sind es gut 2000 Euro, in ländlichen Gebieten eher nur 1400 Euro.

Dazu kommen noch Krankenversicherungskosten von rund 300 Euro im Monat. Wer auch mit einer Million auf dem Konto wie der Durchschnitt leben will, sollte also inklusive Versicherung 2000 Euro im Monat und 24000 Euro im Jahr ansetzen. Die Million kann so für 40 Jahre reichen – wenn die Inflation ignoriert wird. Wer 1 Prozent Teuerungsrate unterstellt, braucht in 40 Jahren schon 3000 Euro, um wie der Durchschnitt leben zu können. Bei 2 Prozent sind es 4400 Euro. Die Million ist dann deutlich schneller weg".

Im Leben geht es permanent um Geld: doch was ist dieses eigentlich? Alle wollen (brauchen) Geld, alle reden davon: doch Geld kann eine ziemlich komplizierte Sache sein: Geld ist ein Tausch- und Zahlungsmittel, ein Wertaufbewahrungsmittel und auch eine Recheneinheit. Erst über den Zwischenschritt des Geldes wird es möglich, Güter, die sich eigentlich nicht miteinander vergleichen lassen, eben doch miteinander zu vergleichen: über den Preis. D.h. Geld gibt Menschen einen einheitlichen Wertmaßstab an die Hand. Geld macht einen freien Austausch von Gütern überhaupt erst möglich. Das Schöne daran: der Warentausch ist aufgrund der Geldeigenschaft als Wertaufbewahrung nicht an die Zeit gebunden. Die Tauschpartner müssen nicht wie bei „Bier gegen Brot" auf zeitgleicher Lieferung bestehen. Denn bei einer Transaktion mit Geld gibt sich der Warenlieferant mit Scheinen oder Münzen (oder einer Buchung auf seinem Konto) zufrieden. Denn er weiß, dass das Geld den Wert seiner Lieferung gewissermaßen bewahrt und er es auch noch mit großer zeitlicher Verzögerung zum Kauf von neuen und anderen Waren einsetzen kann. Die Geschichte der menschlichen Zivilisation ist gewissermaßen eine Geschichte des Geldes: ohne Geld wäre der Handel und Wandel der Welt kaum möglich gewesen. Und die Entwicklung geht weiter: früher (bisher) dauerte es manchmal tage, Geld zu überweisen. Ein Umbruch im Zahlungsverkehr verspricht für diesen Umstand Abhilfe: die übliche Sepa-Überweisung (ob im Online-Banking oder auf Papier) verschwindet weil der sogenannten Echtzeitzahlung die Zukunft gehört. Beispiel: wer einen Gebrauchtwagen von privat kaufen will, der muss nicht mehr Bündel von Banknoten mitbringen, sondern kann dem Verkäufer den vereinbarten Betrag direkt per Smartphone überweisen (und unmittelbar darauf Autoschlüssel und Papiere in Empfang nehmen). Oder: Rechnungen können auf den letzten Drücker noch fristgerecht beglichen werden.